PROFIL FORMATION

Collection dirigée par Georges Décote

ENRICHISSEZ VOTRE VOCABULAIRE

DES MOTS POUR RÉUSSIR AUX EXAMENS

par *GILBERTE NIQUET*
Maître de conférences à l'Université de Lille I

et *ROGER COULON*
Maître-assistant à l'Université de Lille I

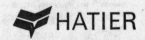

Sommaire PC 2445. N56 1986t

1. Enfance, jeunesse, éducation 4
2. Liberté, dépendance 12
3. Soi et les autres 21
4. Richesse et pauvreté 31
5. Vivre en société 41
6. La vie socio-économique 49
7. Le temps qui passe 58
8. L'espace et son aménagement 67
9. Le bien et le mal 76
10. L'accord et l'opposition 84
11. La guerre et la paix 92
12. La vie et la mort 99
13. Le plus et le moins 107
    Corrigés 114

© HATIER PARIS SEPTEMBRE 1986

ISSN 0337-1425   ISBN 2-218-07672-1

Introduction

La maîtrise de la langue écrite est certainement liée à une bonne **connaissance de la grammaire,** mais aussi à celle du **vocabulaire.** En effet, le choix d'un mot juste donne au style clarté et vigueur. A l'inverse, l'absence du mot adéquat oblige à recourir à une périphrase ou à employer un mot de sens plus ou moins proche : autant de longueurs ou d'approximations qui alourdissent le style et le rendent moins précis.

Une bonne connaissance du **vocabulaire** facilite donc la rédaction d'un texte. Ce livre est fait pour favoriser **l'enrichissement lexical.** A travers différents thèmes, dont beaucoup sont appréhendés lors des études secondaires, le livre permet d'apprendre des mots nouveaux comme de revenir sur des mots connus et de préciser leur sens. Le vocabulaire ainsi étudié sera utile dans la préparation du baccalauréat et de divers examens, car il permettra de mieux comprendre les textes soumis à l'analyse comme de mieux rédiger.

Dans son approche du vocabulaire, le livre prend en compte **l'organisation fondamentale du lexique** et de ses axes principaux : synonymie, antonymie, homonymie, paronymie, polysémie – champs sémantiques, champs lexicaux, etc. Mais le livre s'attache surtout à **mettre les mots en situation** dans des phrases de façon que leur sens se précise et que l'utilisateur s'entraîne à leur maniement.

Ce passage incessant de la découverte d'un mot à son emploi dans une phrase doit favoriser grandement la **fixation des acquisitions** et par conséquent l'enrichissemnt lexical. Parallèlement, le dispositif pédagogique mis en place dans l'ouvrage est stimulant, contribuant également à faire progresser l'utilisateur.

1 Enfance, jeunesse, éducation

1. Définitions[1]

1. Trouvez le mot qui correspond à chacune des définitions données ci-dessous. Les mots appartiennent à la famille de «enfant».

a. Mettre au monde un enfant : *en*. . . . .

b. Caractérise une activité si facile qu'elle semble à la portée d'un enfant : *en*. . . . .

c. Paroles ou attitudes si simplistes qu'elles ressemblent au comportement d'un enfant : *en*. . . . . (nom).

2. Cherchez le nom qui correspond au verbe défini ci-dessus en «a» :

un *en*. . . . .*ment.*

2. Recherche

1. Parmi les mots en italique ci-dessous, encadrez celui qui n'est pas de la famille de «enfant».

2. Donnez la définition de chacun des mots en italique.

a. Cet homme a été condamné à 20 ans de prison pour *infanticide*.

b. Cet individu nous agace; il est très *infatué* de lui-même.

c. Cet homme a un comportement *infantile*.

---

1. Les corrigés des exercices 1 à 12 sont regroupés à partir de la p. 114.

3. Repérage

1. *Parmi les mots ci-dessous, soulignez celui qui n'est pas de la famille de «jeunesse».*
2. *Encadrez le mot qui peut être à la fois nom et adjectif.*
3. *Cherchez dans le dictionnaire le sens des deux autres mots.*

juvénile – jouvence – jeune – jeûne.

4. Recherche

Cherchez trois mots de la famille de «éducation», trois mots de la famille de «instruction».

. . . .
. . . .
. . . .

5. Substitutions

Dans les phrases suivantes, essayez de remplacer chaque groupe de mots en italique par un terme précis. Les premières lettres de ce mot vous sont fournies pour vous aider ; si toutefois vous ne trouvez pas le terme, cherchez-le dans l'encadré figurant ci-dessous et dont les mots sont imprimés à l'envers.

1. Ce jeune pilote *manque encore d'expérience,* mais je le crois doué.
   (Ce jeune pilote est in. . . . ., mais je le crois doué.)

2. A tout âge, on essuie des déceptions et cela fait mal. Mais quand on est jeune, on est *particulièrement exposé à souffrir,* car on ne connaît pas la vie.
   (Mais quand on est jeune, on est particulièrement vul. . . . ., car on ne connaît pas la vie.)

3. A vingt ans, on veut faire mille choses et on entend les mener de front. Rien ne fait peur, et rien ne fatigue : *on n'est jamais rassasié!*
   (On est in. . . . .)

4. Il faut *avoir acquis de la maturité à force d'expérience* pour pouvoir comprendre certaines situations.
   (Il faut être *mû.........* par l'expérience pour pouvoir comprendre certaines situations.)

5. Ce jeune homme a un caractère *souple et influençable*. Avec lui, le dernier qui parle a souvent raison.
   (Ce jeune homme a un caractère *mal.........*)

6. La jeunesse *a parfois tendance à faire des projets sans les réaliser*. Cela provient autant de ses limites que de son goût du changement.
   (La jeunesse est parfois *vellé.........*)

7. Pierre a agi *de façon spontanée sans prendre le temps de réfléchir*.
   (Pierre a agi de façon *i.........*)

8. A 16 ans, qui n'est pas *enclin à rêver, et à envisager la vie sous sa forme la plus parfaite?!*
   (A 16 ans, qui n'est pas *idé.........?!*)

9. Dans ce grand lycée, je me sentais un peu perdu. Jean-Philippe étant mon aîné de quatre ans exerçait auprès de moi une présence *protectrice et bienfaisante*.
   (Jean-Philippe exerçait auprès de moi une présence *tut.........*)

10. «Avoir 18 ans et n'être pas *excessivement hardi* n'est pas souhaitable», déclarait hier le conférencier. Je lui laisse la responsabilité de ses paroles.
    («Avoir 18 ans, et n'être pas *té.........* n'est pas souhaitable», déclarait hier le conférencier.)

---

malléable — mûri(e) — idéaliste — insatiable — inexpérimenté(e) — irréfléchi(e) — tutélaire — téméraire — velléitaire — vulnérable.

6

6. Connexions

Vous trouverez ci-dessous dans la colonne A huit verbes, et dans la colonne B huit définitions.
Reliez chaque verbe de la colonne A à la définition de la colonne B qui lui correspond.

A	B
a. S'engouer de	1. Amasser de l'argent ou d'autres choses en vue de les garder, de façon à se constituer un petit trésor.
b. Prodiguer	2. Souhaiter très vivement quelque chose.
c. Inculquer	3. Distribuer sans compter ce qu'on donne : soins, dons, recommandations, encouragements, etc.
d. S'affirmer	4. Diminuer l'intensité de quelque chose (colère, ardeur, propos, etc.).
e. S'identifier à	5. Se prendre d'une passion ou d'une admiration très vive et passagère pour quelqu'un ou pour quelque chose.
f. Aspirer à	6. Faire entrer une idée, un principe, une vertu dans la personnalité de quelqu'un de façon durable et profonde.
g. Thésauriser	7. Se reconnaître en quelqu'un au point de se confondre avec lui.
h. Modérer	8. Manifester nettement, et de plus en plus, sa personnalité.

7. Travail sur des familles de mots

Dans chacune des phrases suivantes, trouvez le mot qui convient pour combler les pointillés. Ce terme appartient à la famille du mot placé en regard de la phrase.

1. MALLÉABLE : La mal.......... de la pâte à modeler est très grande. Les enfants la façonnent à leur gré.

2. INEXPÉRIMENTÉ : Ce système d'examen est loin d'être étendu au territoire national. Il est seulement à l'essai dans quelques lycées. C'est dire qu'il n'est encore qu'au stade exp..........

3. INSATIABLE : Ne me dites pas que vous avez faim : vous avez mangé et bu à sa..........

4. PRODIGUER : Quand on est jeune et qu'on croit à une cause, on n'hésite pas à s'y vouer pleinement. On est pro.......... de ses efforts.

5. MATURITÉ : Il est trop tôt pour qu'on puisse résoudre ce problème. Il faut attendre que les choses évoluent et viennent à ma..........

6. TUTÉLAIRE : La jeunesse n'aime guère être placée en tut..........

7. IRRÉFLÉCHI : Jacques a agi généreusement, mais d'une façon trop spontanée. On ne peut lui reprocher que son ir..........

8. Recherche d'adjectifs synonymes

Pour chacun des adjectifs en italique dans les phrases suivantes, cherchez deux mots synonymes.
Si vous ne les trouvez pas, cherchez-les dans l'encadré ci-contre, dont les termes sont imprimés à l'envers.

1. Pour faire rire le public, le clown adopte un comportement *enfantin*.

   (*pué*.........., *infan*..........)

2. En quittant ton emploi pour réaliser ce projet, tu te
lances dans une entreprise bien *téméraire*.
(*ris.* . . . ., *aven.* . . . .)

3. Pierre a eu une réaction *irréfléchie*. Il n'a pas mesuré
les conséquences de son acte.
(*impul.* . . . ., *spon.* . . . .)

4. Ce garçon nous agace, car il est *infatué de lui-même*.
(Il est *prét.* . . . ., *f.* . . . .)

> impulsive – infantile – fat – aventureuse – spontanée –
> risquée – prétentieux – puéril.

9. Recherche de noms synonymes

*Appliquez la consigne de l'exercice 8 aux noms en italique
dans les phrases ci-dessous :*

1. En mécanique auto, je suis un *débutant*. Je ne sais
même pas démonter un delco.
(*néo.* . . . ., *nov.* . . . .)

2. Dans cette affaire, Marc a fait preuve d'*incohérence*.
(*ill.* . . . ., *incon.* . . . .)

3. J'ai bavardé avec Gilles hier soir. Son *emballement*
pour le squash ne m'étonne pas : il faut toujours qu'il
se passionne pour quelque chose.
(*eng.* . . . ., *enth.* . . . .)

4. Je connais la raison pour laquelle ces personnes se
disputent, et j'en suis navré. Ce sont des *enfantillages*
qui ne méritent pas qu'on s'y attarde.
(*gam.* . . . ., *pué.* . . . .

> illogisme – engouement – puérilité(s) – novice –
> enthousiasme – gaminerie(s) – inconséquence – néophyte.

9

10. Manipulation de paronymes

1. Des paronymes sont des mots dont la prononciation est presque identique ; c'est pourquoi on confond souvent leur sens. Employez chacun des paronymes ci-dessous dans une phrase.

a. Inculquer – b. Inculper   c. Percepteur   d. Précepteur.

2. Indiquez pourquoi le nom « précepteur » a sa place au sein du thème de l'éducation.

11. Recherche d'antonymes

Dans les phrases suivantes, cherchez le contraire des mots ou expressions en italique :

1. Le problème que j'ai eu à résoudre était *enfantin*.
   (Le problème que j'ai eu à résoudre était *ard*. . . . . ou *comp*. . . . .)

2. Ce garçon est *fat*.
   (Ce garçon est *mod*. . . . .)

3. Jacques a un tempérament *téméraire*.
   (Jacques a un tempérament *peu*. . . . . ou *cr*. . . . .)

4. Quand il s'agit de prêter son concours à une œuvre charitable, Dominique est *prodigue* de son temps.
   (Dominique est *av*. . . . . ou *éco*. . . . . de son temps.)

12. Appréciation

Lisez chacune des phrases suivantes ; portez en regard un $\boxed{C}$ (correct), si vous estimez que le mot en italique y est bien employé ; dans le cas contraire, portez un $\boxed{I}$ (incorrect), et proposez un corrigé.

1. Ton ardeur *juvénile* est touchante. Tu mets dans cette affaire l'enthousiasme de tes 16 ans.   □

2. Yves n'a jamais atteint sa maturité. A quarante ans, *l'infantilisme* dont il fait preuve est navrant. ☐

3. Le *précepteur* s'adressa à l'ensemble de la classe et dit aux élèves : «Dans l'ensemble, je suis satisfait de vos copies.» ☐

4. Cette dame s'efforce *d'inculper* à ses enfants de bons principes. ☐

5. A force d'admirer Johnny Hallyday, ce garçon *s'identifie à* lui. ☐

6. On se demande ce qui pourrait toucher Thomas. Il est *vulnérable*! ☐

7. Cet enfant est d'une curiosité *insatiable*. On n'a jamais fini de répondre à ses questions. ☐

8. On a mis ces graines en serre pour hâter leur *maturité*. ☐

9. Instruits par l'expérience, les adultes voient souvent les choses telles qu'elles sont. Ce sont des *idéalistes*. ☐

10. Le jeune coureur fut *prodigue* de ses efforts. Il ne lésina sur rien pour remporter l'étape. ☐

11. Cet homme a quinze ans d'ancienneté dans notre club ; c'est un *néophyte*. ☐

12. Paul manifeste de *l'engouement* à l'égard de cette activité. Il ne la pratique pas et ne cherche pas à y être initié. ☐

2 | Liberté, dépendance

13. Relevé[1]

Dans le texte suivant, il y a cinq mots de la famille de « liberté ». Repérez-les ; soulignez-les.

Mes voisins sont très différents. Le premier est un libertaire : il ne respecte aucun règlement, et affiche un total mépris pour tout ce qui peut limiter la liberté individuelle : code, loi, etc. Dans le quartier, on l'appelle « l'anarchiste ». Cela ne l'empêche pas d'être serviable et d'un abord chaleureux. Le second est un libertin. Sa vie est assez dissolue : il aime les amours passagères, les liaisons.

Mon troisième voisin est un véritable altruiste. Il est même trop généreux, car ses libéralités mettent parfois son propre budget en danger. Enfin, mon dernier voisin est le président du Syndic de notre copropriété. Il a été élu pour ses qualités libérales : en effet, c'est un homme tolérant, qui admet et respecte les points de vue des autres. En politique, d'ailleurs, il est partisan du libéralisme.

14. Connexions

Vous trouverez ci-dessous cinq définitions de mots ; elles correspondent aux termes que vous avez relevés dans l'exercice précédent. Placez chacun d'eux en regard de la définition qui lui correspond :

1. Qui est favorable au respect des opinions et des libertés individuelles : . . . .

2. Dons faits avec grande largesse : . . . .

---

1. Les corrigés des exercices 13 à 23 sont regroupés à partir de la p. 118.

3. Qui n'admet aucune limite à la liberté, surtout en matière politique : . . . .

4. Système qui laisse aux entreprises une totale liberté économique (par extension : largeur de vue) :
. . . .

5. Qui est déréglé dans ses mœurs et dans sa conduite, et s'adonne sans retenue aux plaisirs charnels : . . . .

15. Recherche

Cherchez les mots de la famille de «liberté» qui pourraient combler les pointillés des phrases suivantes :

1. Les médecins, les vétérinaires, les notaires, les avocats exercent une profession *l*. . . . .

2. Un soldat est *l*. . . . . à une date précise.

3. L'aveu d'une faute peut être *l*. . . . ., car il soulage la conscience.

16. Détection

1. Parmi les mots ci-dessous, soulignez celui qui n'appartient pas à la famille de «dépendance».

2. Construisez une phrase qui emploie ce mot, puis formulez-en une autre qui emploie le mot b.

a. Indépendance – b. Dépendance – c. Dépendre – d. Dépens.

17. Choix de mots précis

Dans les phrases suivantes, essayez de remplacer chaque groupe de mots en italique par un terme précis. Les premières lettres de ce mot vous sont données pour vous aider; si toutefois vous ne trouvez pas ce terme, cherchez-le dans l'encadré figurant ci-dessous et dont les mots sont imprimés à l'envers.

1. Nous sommes soumis chaque jour à l'*influence insidieuse* de la publicité.

(Nous sommes soumis chaque jour au *cond.* . . . . de la publicité.)

2. Cette décision *n'est pas le fruit de la concertation; elle n'est même pas fondée sur quelque chose de compréhensible. Elle émane du bon plaisir de quelqu'un.*
   (Cette décision est *arb.* . . . .)

3. Dans notre club, le président a un pouvoir *sans limites.*
   (Dans notre club, le président a un pouvoir *disc.* . . . .)

4. Très endettée, cette entreprise n'a plus aucune liberté. Elle est à la *merci* de ses créanciers.
   (Elle est à la *discr.* . . . . de ses créanciers.)

5. Certaines personnes *perdent* leur liberté en adhérant à des sectes.
   (Certaines personnes *ali.* . . . . leur liberté en adhérant à des sectes.)

6. Pendant de longues années, cet État a été subordonné à un autre. Il lui est difficile à présent de *reprendre sa liberté.*
   (Il lui est difficile à présent de *s'ém.* . . . .)

7. Le coupable savait quel châtiment il encourait. Pour y *échapper,* il s'est enfui à l'étranger.
   (Pour s'y *sou.* . . . ., il s'est enfui à l'étranger.)

8. La dépendance économique d'un État par rapport à un autre a des conséquences graves. Dans bien des cas, le pays créancier *domine fortement l'autre, le réduisant pratiquement à l'esclavage.*
   (Le pays créancier *asse.* . . . . l'autre.)

9. Quand on *dépend de* quelqu'un pour certains aspects de la vie, on perd sa liberté.
   (Quand on est est *tri.* . . . . de quelqu'un, on perd sa liberté.)

10. Ne sois pas aussi *despotique* à l'égard de ton camarade : tu l'obliges à épouser toutes tes vues.

(Ne sois pas aussi *ty*.......... à l'égard de ton camarade.)

11. L'enfant avait été enfermé dans une chambre pendant un an. *Cet isolement* l'avait beaucoup marqué.

(Cette *claus*.......... l'avait beaucoup marqué.)

12. L'éducation devrait préparer chaque adolescent à devenir un citoyen *capable de diriger sa vie comme il l'entend, selon ses propres moyens*.

(L'éducation devrait préparer chaque adolescent à devenir un citoyen *au*..........)

---

aliéner – claustration – asservir – conditionnement –
s'émanciper – discrétionnaire – se soustraire à – discrétion –
arbitraire – tyrannie – tributaire – autonome.

---

18. Choix de dérivés

Cherchez le mot qui convient pour combler les pointillés de chacune des phrases suivantes. Ce terme appartient à la famille du mot placé en regard de la phrase; on dit qu'il en est un «dérivé».

1. ALIÉNER : On ne peut jamais soumettre totalement un peuple. Tôt ou tard il s'affranchit. La liberté est *in*.......... .

2. CONDITIONNER : Quoi que dise ou fasse le chef de son parti, Hervé le croira. Sa confiance est *in*..........

3. ARBITRER : Cette décision a été prise par Pierre unilatéralement, sans concertation, ni motif valable. Il a vraiment agi *ar*..........

4. LIBÉRER : Depuis une heure, l'auditoire était tendu, car les propos du conférencier étaient ardus. Aussi, quand l'orateur plaça une plaisanterie, un rire *li*.......... détendit le public.

5. DÉPENSER : Il est parfois dangereux de faire confiance à un inconnu. J'en ai fait l'expérience cuisante. Je l'ai appris à mes *dé*..........

6. CLAUSTRER : Je ne peux supporter d'être enfermé quelque part, par exemple dans un ascenseur. Je souffre de *cl*..........

7. ASSERVIR : La publicité nous conditionne tellement qu'elle induit nos achats. Chaque année, par exemple, en début de saison, on assiste à un véritable *ass*.......... des gens à la mode : tout le monde s'habille de la même façon.

19. Formulation de définitions

Pour chacun des mots suivants, deux définitions sont proposées.
Soulignez celle qui correspond au mot.

1. S'aliéner les syndicats :
   a. restreindre leur liberté,
   b. agir en sorte qu'ils deviennent hostiles.

2. Disposer de quelque chose à discrétion :
   a. en user autant qu'on le veut,
   b. en user de façon indiscrète.

3. Libéraliser un régime politique :
   a. y accroître les professions libérales,
   b. y accroître la liberté.

20. Recherche de synonymes

Pour chaque mot ou groupe de mots en italique dans les phrases suivantes, cherchez deux synonymes. Si vous ne les trouvez pas, cherchez-les dans l'encadré proposé à la fin de l'exercice et dont les mots sont imprimés à l'envers.

1. Nous sommes chaque jour astreints à faire ce pénible travail. C'est un réel *asservissement*.
   (un *ass*.........., une *serv*..........)

2. Le président a pris cette sanction sans consulter personne. C'est une véritable *décision arbitraire*.
(un *dik.* . . . ., un *ouk.* . . . .)

3. Pour *se soustraire* définitivement *à* l'emprise de cet État, notre pays a remboursé l'emprunt qu'il lui devait.
(Pour *se li.* . . . . *de*, *s'aff.* . . . . *de*)

4. Quand on est sous *l'empire* d'une passion, on sait rarement se maîtriser.
(le *j.* . . . ., l'*empr.* . . . .)

5. Cette société de *libertinage* va à sa perte.
(*dév.* . . . ., *déb.* . . . .)

6. Il ne faut pas s'étonner du comportement de ces jeunes. Ils ont été trop longtemps *frustrés* de loisirs.
(*pr.* . . . ., *sev.* . . . .)

> un oukase – le dévergondage – s'affranchir de – un joug – privé(e) – la débauche – un assujettissement – un diktat – une servitude – sevré(e)(s) – se libérer de – une emprise.

21. Recherche d'antonymes

Dans chacune des phrases suivantes, essayez de trouver le contraire du mot en italique :

1. Dans un régime *libéral,* on respecte les opinions politiques de chacun.
(Dans un régime *tot.* . . . ., on ne respecte pas les opinions politiques de chacun.)

2. Dans ce pays, la femme subit de plus en plus le joug de l'homme. C'est un véritable *assujettissement*.
(Dans ce pays, la femme subit de moins en moins le joug de l'homme. C'est une véritable *ém.* . . . . ou *li.* . . . .)

3. Notre quête a été une réussite. Les gens y ont répondu

généreusement. Je pense, par exemple, à François qui a donné avec *libéralité*.

(Notre quête n'a pas été une réussite. Les gens n'y ont pas répondu généreusement. Je pense, par exemple, à François qui a donné avec *parc*. . . . .)

4. Dans ce système éducatif, les chefs d'établissement ont un pouvoir *discrétionnaire*; ils peuvent prendre toute décision sans en référer à personne.

(Dans ce système éducatif, les chefs d'établissement ont un pouvoir *li*. . . . . ou *res*. . . . .; la plupart de leurs décisions sont soumises à l'assentiment du Recteur.)

5. Je n'ai pu obtenir tout ce que j'avais demandé; je me suis senti *frustré*.

(J'ai obtenu tout ce que j'avais demandé; j'étais réellement *com*. . . . .)

6. Un État *souverain* décide librement de sa politique.

(Un État *dé*. . . . . ne décide pas librement de sa politique; elle est subordonnée à celle d'un autre pays.)

7. A l'évidence, cet homme *se soustrait à* ses obligations. Il n'assume pas ses responsabilités.

(A l'évidence, cet homme *fait f*. . . . . à ses obligations. Il les assume.)

22. Appréciation

Dans les phrases suivantes, certains des mots en italique sont employés à bon escient, et d'autres sont impropres. Appréciez l'emploi de chaque mot en plaçant en regard un $\boxed{C}$ *(correct) si vous estimez que le terme est bien employé, un* $\boxed{I}$ *(incorrect) dans le cas contraire. (Utilisez pour ce faire la colonne «appréciation»). En cas de mot impropre, proposez un corrigé.*

1. Cet homme ne respecte ni règlement ni loi. C'est un véritable *libertaire*.

2. Ce magistrat est totalement indépendant et entend le demeurer. Sa liberté est *inaliénable*. ☐

3. Jacques ne peut supporter d'être enfermé quelque part. Il souffre d'*agoraphobie*. ☐

4. Cette décision a été prise après consultation des membres du comité et avec leur accord. Elle n'est pas vraiment *arbitraire*. ☐

5. Comme il possède peu de surfaces cultivables, le Japon ne produit pas suffisamment de céréales. Il est *tributaire* des États-Unis en ce domaine. ☐

6. Cette personne âgée ne peut plus vivre sans qu'on l'aide. Elle est *autonome*. ☐

7. En prenant cette décision impopulaire, le gouvernement risque de *s'aliéner* les syndicats. ☐

8. La réaction de Philippe ne m'a pas étonné. Quelle que soit la raison de notre défaite, il l'aurait excusée. C'est un partisan *inconditionnel* de notre club. ☐

9. *Sevré* d'affection, un enfant est malheureux. ☐

10. L'endettement de notre entreprise est énorme. L'usine est à présent *à la discrétion* de ses créanciers. ☐

11. De bout en bout, Marc a été bénéficiaire dans cette affaire. Elle a tourné *à ses dépens*. ☐

12. La *servitude* de ce pays à l'égard des États voisins est évidente. Il prend ses décisions en toute *souveraineté*. ☐

23. Inventaire des mots d'un thème

Pour découvrir le thème principal d'un texte, il faut souvent commencer par faire l'inventaire des mots révélateurs de ce thème.
Lisez le texte suivant, puis relevez les mots qu appartiennent respectivement aux thèmes de la liberté et de la dépendance. La plupart ont été vus dans les exercices qui précèdent.

Ce pays vit sous un régime totalitaire. Le chef d'État y gouverne à coups d'oukases. La police contrôle tout, et les citoyens sont littéralement assujettis à l'État. Ils vivent sous son emprise continuelle, et se sentent frustrés de leur liberté. Les frontières sont fermées, si bien que les gens ont un sentiment de claustrophobie. L'économie est subordonnée à l'État. Les habitants aspirent à s'émanciper. Ils veulent mettre fin au joug qui les asservit. Ils rêvent de libéralisme.

Thème de la liberté	Thème de la dépendance
. . . .	. . . .
. . . .	. . . .
. . . .	. . . .
	. . . .
	. . . .
	. . . .
	. . . .
	. . . .
	. . . .
	. . . .

Soi et les autres $\boxed{3}$

24. Exploration d'une famille de mots[1]

1. *Le mot «autre» vient du latin* alter. *Parmi les mots figurant ci-dessous, indiquez celui qui n'est pas de la famille de «autre».*

altruisme – alternance – altérer – alter ego – alternative – altier – autrui.

2.. *Repérez le mot qu'on pourrait substituer au groupe en italique dans cette phrase :* «Il ne faut pas convoiter le bien *des autres*» (d'. . . . .).

3. *Soulignez parmi les termes ci-dessus la locution qui a ce sens :* Personne en qui on a toute confiance au point qu'on peut la charger d'agir à notre place en toute circonstance.

4. *Relevez le mot qui a ce sens :* amour des autres.

25. Bon usage d'un mot

1. *Indiquez laquelle des deux phrases ci-dessous emploie correctement le mot «alternative» :*

– Je me trouve devant une délicate alternative : refuser le service qu'on me demande et décevoir mes amis, ou accepter cette tâche et me charger d'un surcroît de travail assez lourd.

– Je me trouve devant une alternative : on me propose un stage dans une entreprise pendant les vacances.

2. *Des mots suivants, soulignez celui qui désigne une alternative :*

problème – dilemme – embarras.

[1]. Les corrigés des exercices 24 à 35 sont regroupés à partir de la p. 121.

26. Recherche de locutions

Une locution est un groupe de mots. Cherchez les locutions qui correspondent aux définitions suivantes; chacune d'elles comporte le mot «soi».

1. Faire un grand effort pour se maîtriser.
   (Il faut savoir ....
   pour ne pas se fâcher.)

2. Être évident; tout naturel.
   (Si vous faites cette démarche à ma place, nous vous rembourserons vos frais de déplacement. Cela
   ....)

3. Qui est dans la nature même d'un être ou d'une chose.
   (Ce système n'est pas mauvais ....;
   c'est la façon dont on l'applique qui n'est pas au point.)

4. Synonyme de «prétendu» ou de «prétendument».
   (Les ouvrage de réflexion sur notre époque se multi-plient. Certains auteurs, ...
   philosophes de notre civilisation, abusent parfois le public en manquant d'objectivité.)

27. Autre façon de parler de «soi»

Il existe un autre terme qui signifie «soi», c'est l'élément «auto» qui vient du grec. Ainsi, «s'autodéfendre» signifie se défendre soi-même.
Dans les phrases ci-dessous, remplacez les groupes de mots en italique par un mot commençant par auto- :

1. L'assemblée générale de notre association a clarifié les choses. Le président a fait *sa propre critique* et a reconnu ses torts.
   (Le président a fait son *auto*..........)

2. Mon grand-père possédait une lettre *écrite de la propre main* de Victor Hugo.
   (Mon grand-père possédait une lettre *auto*..........
   de Victor Hugo.)

3. Cet artisan est très ingénieux. Il fabrique *des personnages qui marchent et bougent par leurs propres moyens.* (Il fabrique des *auto* . . . .)

4. Cet homme *s'est instruit lui-même, sans recevoir de formation dans un établissement scolaire.*
(Cet homme est un *aut* . . . .)

5. *Les gens qui sont nés dans cette région* parlent une langue dérivée du chinois.
(Les *autoch* . . . . de cette région parlent une langue dérivée du chinois.)

28. De «soi» à «moi»

Lorsqu'on parle de soi, on pense : «Je parle de moi»; or, en latin, «moi» se disait «ego».
Vous trouverez ci-dessous deux mots, et en regard deux définitions; reliez chaque mot à la définition qui convient.

MOTS

- Égocentrisme

- Égoïsme

DÉFINITIONS

a. Attachement excessif à soi-même, qui fait qu'on cherche avant tout à se faire plaisir et à servir ses intérêts personnels.

b. Tendance d'une personne à tout rapporter à elle-même.

29. Recherche de synonymes

Dans les phrases suivantes, remplacez le mot en italique par un synonyme. Si vous ne le trouvez pas, vous pouvez vous aider en consultant l'encadré proposé à la fin de l'exercice dont les mots sont imprimés à l'envers.

1. Il faut traiter *autrui* comme on voudrait être traité soi-même. (son *pro* . . . .)

2. Le docteur Schweitzer agissait avec *altruisme.*
(*dév* . . . .)

3. L'attitude de Gérard a *altéré* nos relations.
   (*dét*. . . . .)

4. On veut détruire les ruines de ce vieux temple, mais les *autochtones* s'y opposent. (les *ind*. . . . .)

5. Il faudra répéter ces gestes maintes et maintes fois, si l'on veut arriver à la formation d'*automatismes*.
   (de *réf*. . . . .)

6. Ce pays veut qu'on respecte son *autonomie*.
   (sa *sou*. . . . .)

30. Recherche d'antonymes

Dans les phrases suivantes, cherchez le contraire des mots en italique :

1. Guy a fait preuve d'*abnégation,* il n'a pensé qu'à servir son prochain.
   (Guy a fait preuve d'*ég*. . . . ., il n'a pensé qu'à servir ses intérêts.)

2. L'*altération* des tissus était nette : certains pourtours de la plaie étaient déjà nécrosés.
   (L'*int*. . . . . des tissus était nette : aucun pourtour de la plaie n'était nécrosé; pas même enflammé.)

3. Notre club sera *alternativement* présidé par M. Dupuis puis par M. Marchal.
   (Notre club sera *cont*. . . . . présidé par M. Dupuis.)

4. En politique, l'*alternance* a l'avantage de renouveler les hommes et les idées, mais aussi l'inconvénient de perturber parfois la vie du pays.
   (En politique, la *cont*. . . . . a l'avantage de ne pas perturber la vie du pays, mais aussi l'inconvénient de ne pas renouveler les hommes et les idées.)

31. Choix de mots précis

Dans les phrases suivantes, remplacez le groupe de mots en italique par un mot précis. Les premières lettres de ce mot vous sont données pour vous aider. Si toutefois vous ne trouviez pas le mot, vous pouvez le chercher dans l'encadré proposé à la fin de l'exercice et dont les termes sont imprimés à l'envers.

1. Les jeunes ont parfois besoin de *se distinguer des autres par un comportement peu courant* pour s'affirmer.
   (Les jeunes ont parfois besoin de se sing. . . . . pour s'affirmer.)

2. Il est vrai qu'un enfant unique est souvent trop choyé. Mais il ne faut tout de même pas *étendre cette opinion à tous les enfants uniques.*
   (Mais il ne faut tout de même pas gé. . . . .)

3. Pour défendre cette revendication, les syndicats ont adopté une *seule démarche qui unissait leurs points de vue et leurs actions.*
   (Les syndicats ont adopté une démarche uni. . . . .)

4. Pour son pays, cet homme *représente* la dignité nationale.
   (Pour son pays, cet homme pers. . . . . la dignité nationale.)

5. Jacques est vraiment *incapable de vivre avec les autres;* ses colères et ses bouderies sont fréquentes.
   (Jacques est vraiment inso. . . . .)

6. Nous avons *tous été d'accord pour* voter la réélection de Xavier.
   (Nous avons été una. . . . . à voter la réélection de Xavier.)

7. Un homme public ne peut avoir la même vision des choses qu'un *simple citoyen.*

(Un homme public n'a pas la même vision des choses qu'un *part*. . . . .)

8. L'équilibre de la balance commerciale est un souci *partagé par tous les États*.
(L'équilibre de la balance commerciale est un souci *com*. . . . . à tous les États.)

9. La vie communautaire n'est pas facile. Les *personnalités de chacun* ne tardent pas à s'y révéler, *avec tout ce qui leur est propre*. Cela provoque souvent des heurts.
(La vie communautaire n'est pas facile. Les *indi*. . . . . ne tardent pas à s'y révéler.)

10. Dans une localité bien gérée, l'action municipale profite forcément *à l'ensemble des habitants*.
(L'action municipale profite forcément à la *coll*. . . . .)

11. Si l'on veut surmonter cet obstacle, il faut *faire bloc*.
(Si l'on veut surmonter cet obstacle, il faut se *soli*. . . . .)

12. L'automation produit des articles standard. Elle ne permet plus *de donner au travail un caractère personnel et original*.
(Elle ne permet plus de *per*. . . . . le travail.)

13. *L'ensemble des personnes qui ont à peu près le même âge que moi* fait confiance à l'avenir.
(Ma *géné*. . . . . fait confiance à l'avenir.)

32. Recherche du sens des mots

Chacun des termes ens italique ci-dessous appartient à la famille d'un mot figurant dans l'encadré de l'exercice 31. Essayez de définir le sens de chaque mot (utilisez au besoin un simple synonyme dont les quelques lettres vous sont données).

1. C'est une idée *communément* admise par les jeunes couples qu'un homme peut aussi bien soigner un bébé qu'une femme.
   gé.........; hab.........

2. René rit bruyamment en public et fait des plaisanteries assez lourdes. Je le trouve assez *commun.*
   quel.........

3. Anne est d'une force *peu commune.*
   ex.........

4. Pour *le commun des mortels,* cette peinture est incompréhensible.
   la ma......... des gens.

5. «L'homme est capable du bien comme du mal», dit François; c'est là une *généralité.*
   op......... à valeur générale.

6. La conduite à gauche est *particulière à* l'Angleterre.
   pr .... ; à l'Angleterre

7. Dans ces hôtels, les lits ont la forme de berceaux. C'est une *particularité* de la région.
   car.........

8. J'ai vu ce film. Il est d'un genre *très particulier.* Je ne sais pas si vous l'aimerez.
   sp.........

9. Ma facture de téléphone a doublé, sans que j'aie changé mes habitudes téléphoniques. C'est *singulier.*
   ét..........; bi.........

33. Détections

Vous trouverez ci-dessous cinq mots et en regard de chacun d'eux trois définitions : soulignez la définition qui correspond au mot, et essayez de trouver le mot correspondant aux autres définitions.

1. Un *individualiste* est :

   a. Une personne qui a des idées bien personnelles et n'aime guère se lier à un groupe.

   b. Un être humain considéré comme une unité par rapport à un groupe.

   c. Un homme dont on parle avec mépris.

2. Une *commune* est :

   a. Un groupe de personnes vivant ensemble, parce qu'elles ont un idéal ou des intérêts communs.

   b. Une agglomération administrée par un maire et un conseil municipal.

   c. Un ensemble de bâtiments, souvent adjoints à un château et comportant les cuisines, les garages, les écuries.

3. La *personnification* est :

   a. Une personne ayant une haute fonction.

   b. Une façon de rendre personnel un objet ou une tâche.

   c. Une représentation d'une chose ou d'une notion abstraite sous les traits d'une personne.

4. Le *collectivisme* est :

   a. Un groupe d'individus habitant une même agglomération.

   b. Un système économique mettant en commun tous les moyens de production (usines, entreprises...) d'un État, y compris ceux des particuliers.

   c. Un projet de loi par lequel un gouvernement sollicite des assemblées parlementaires une modification du volume des crédits initialement prévus dans le budget.

34. Appréciation

Lisez chacune des phrases suivantes, puis voyez si le mot en italique est bien employé. Dans l'affirmative, portez en regard un $\boxed{C}$ *(correct); dans la négative, portez un* $\boxed{I}$ *(incorrect), et proposez alors un corrigé.*

1. En matière judiciaire, il est question d'*individualiser* les peines en adaptant les lois aux circonstances d'un délit.

2. Comme il était nouveau, le délégué de cet État n'a pas pris la parole. Il a surtout écouté et pris des notes. Il s'est *singularisé* prudemment dans la masse des autres.

3. Dans cette région, les fêtes locales vont être de nouveau célébrées en costumes provinciaux. Les natifs de ces lieux, c'est-à-dire les *autochtones,* s'en montrent satisfaits. Il faut voir là le signe d'un régionalisme renaissant.

4. Ce pays a besoin d'être gouverné par un homme d'une honnêteté totale, que rien ne peut corrompre, c'est-à-dire par un homme *intègre.*

5. Autrefois, un *autodidacte* pouvait réussir socialement et accéder à des postes de haut niveau : chefs d'entreprises, directeurs de gros négoces, etc. A présent, c'est plus difficile. Le diplôme est de plus en plus requis pour l'accès à certaines professions.

6. Dans une véritable démocratie, l'*alternance* est un phénomène naturel; le choix des citoyens pouvant varier au fil des années.

7. Penser aux autres avant soi-même, les aimer pour eux-mêmes et s'efforcer de leur être utile, c'est vraiment faire preuve d'*égocentrisme.*

8. Cette usine est complètement automatisée. Trois ouvriers suffisent à y surveiller le travail des robots. L'entreprise fabrique des produits *personnalisés*. ☐

9. Avec sa perruque verte et sa veste à l'envers, Guy avait un aspect *commun*. ☐

10. «On a le droit, dis-tu, de prendre aux autres ce qui nous manque.» Voilà une opinion *communément* admise. ☐

11. Sauter à l'eau, ou brûler avec le navire : *telles étaient mes alternatives*. ☐

12. Au cours de la seconde guerre mondiale, le général de Gaulle *personnifiait*, pour de nombreux Français, la France Libre. ☐

13. Le préfet a pris une décision arbitraire. Les *collectivités locales* ont protesté en la personne de leurs maires. Ceux-ci ont déjà engagé une démarche auprès de la préfecture. ☐

35. Rapprochements

Chacun des mots suivants est synonyme d'un des mots en italique dans l'exercice 34 ; écrivez à la suite de chacun de ces trois mots celui dont il est le synonyme :

– Probe.
– Se particulariser.
– Incarner.

Richesse et pauvreté $\boxed{4}$

36. Mots clés du thème[1]

Voici les mots clés du thème que vous allez aborder; chacun d'eux est le contraire d'un autre. Associez chaque mot à son contraire.

dénuement – richissime – opulence – nanti – indigent – démuni.

– ....   contraire : ....

– ....   contraire : ....

– ....   contraire : ....

37. Synonymes

*1. Parmi les mots figurant ci-dessous, indiquez lequel est le synonyme le plus juste du mot **bien** dans le proverbe : Bien mal acquis ne profite jamais.*

un avoir – un don – un legs.

*2. Faites la même recherche pour le mot **pauvreté** parmi les mots suivants : parcimonie – modicité   indigence.*

*3. Faites la même recherche pour le mot **salaire** parmi les mots suivants : appointements – arrhes – aumône.*

38. Familles de mots

1. Cherchez le verbe qui correspond à «acquis» (cf. proverbe ci-dessus) ; puis cherchez le nom féminin et les deux noms masculins qui correspondent à ce verbe.

Verbe : ....   *Nom féminin :* une ....
Noms masculins : un ....; un ....

---

1. Les corrigés des exercices 36 à 46 sont regroupés à partir de la p. 125.

2. *a. Indiquez le sens du mot «vice» dans le proverbe :*
   «Pauvreté n'est pas vice» : . . . .

   b. Indiquez à présent le sens de ce mot dans cette phrase : «Il y a un vice de construction dans ce bâtiment. Celui-ci devra sans doute être modifié.»

   c. Cherchez le verbe qui correspond à «vice» :
   . . . .

3. *Cherchez le verbe et le nom masculin qui correspondent à «dette» dans l'expression «Qui paie ses dettes s'enrichit» :*
   Verbe : s'. . . . .   Nom masculin : . . . .

39. A partir d'un mot

On a des dettes quand on emprunte de l'argent à quelqu'un. Soulignez, parmi les mots ci-dessous, celui qui est synonyme de «prêteur» :

un agent de change – un percepteur – un créancier – un huissier.

40. Mots précis

Dans les phrases suivantes, remplacez les mots en italique par un terme précis. Pour vous aider, les premières lettres du mot vous sont données. Néanmoins, si vous ne trouvez pas le terme, vous pouvez le rechercher dans l'encadré proposé à la fin de l'exercice et dont les mots sont imprimés à l'envers.

1. La plupart des pays sous-développés connaissent *un état permanent de pauvreté qui touche la majorité de la population.*
   (La plupart des pays sous-développés connaissent le paup. . . . .)

2. Inconsciemment, nous vivons *entourés de biens superflus et coûteux*, alors que des gens meurent de faim.
   (Inconsciemment, nous vivons dans le l. . . . ., alors que des gens meurent de faim.)

3. N'attends aucune largesse de cet homme; il a le *goût du gain et du profit*.
   (Il a le goût du *lu*. . . . .)

4. Vous n'avez pas fait ce travail bénévolement, puisque vous avez perçu *de l'argent en contrepartie*.
   (Vous avez perçu une *rém*. . . . .)

5. Dans certaines régions d'Afrique, la faim est telle que les gens sont *extrêmement maigres parce qu'ils ne mangent pas assez*.
   (Les gens sont *fam*. . . . .)

6. L'Afrique est un pays très contrasté. A des villages très pauvres et à des contrées désertiques, succèdent des villes *qui donnent l'impression d'être en pleine prospérité*.
   (A des villages très pauvres et à des contrées désertiques, succèdent des villes à l'aspect *flo*. . . . .)

7. Si un gouvernement *gaspille* les fonds publics, chaque citoyen ne tarde pas à en subir les effets.
   (Si un gouvernement *dil*. . . . . les fonds publics, chaque citoyen ne tarde pas à en subir les effets)

8. Les personnes âgées qui perçoivent leur pension à la poste sont réglées en *argent liquide*.
   (Les personnes âgées qui perçoivent leur pension à la poste sont réglées en *nu*. . . . .)

9. Ce que nous demande Madame Maton, c'est une aide *en argent*.
   (Ce que nous demande Madame Maton, c'est une aide *pé*. . . . .)

10. Anne est très riche, et cependant elle agit avec *un désir immense de gagner de l'argent et d'acquérir des biens*.
    (Anne est très riche, et cependant elle agit avec *cup*. . . . .)

11. Il y a encore dans notre pays des familles *qui manquent du nécessaire pour vivre.*

(Il y a encore des familles *néc.........* dans notre pays.)

12. Ce jeune chanteur a touché *une somme d'argent* appréciable pour sa participation à ce gala.

(Ce jeune chanteur a touché un *ca.........* appréciable pour sa participation à ce gala.)

13. A force d'économiser, j'ai amassé une certaine *somme d'argent.* (A force d'économiser, j'ai amassé un certain *pé..........*)

14. Il n'est pas rare que des parents en viennent à se *dépouiller d'une grande partie de leurs biens* pour aider leurs enfants.

(Il n'est pas rare que des parents en viennent à *se dém.........* pour aider leurs enfants.)

15. Cet homme vivait *des revenus réguliers que lui rapportait son capital.*

(Cet homme vivait de ses *re..........*)

---

famélique – nécessiteux(se) – un cachet – une rente – numéraire – dilapidé   le paupérisme – la cupidité – un pécule – le lucre – le luxe – pécuniaire – démunir – florissant(e) – une rétribution.

---

41. Rapprocher des mots

Reliez chaque mot de la colonne A au mot de la colonne B qui est son contraire :

A	B
• nécessaire	• prodigue
• famélique	• riche
• déshérité	• privilégié
• nécessiteux	• gavé
• épargner	• débiter
• créditer	• superflu
• ladre	• dilapider

42. Mots et définitions

Reliez chacune des définitions de la colonne A au mot qui lui correspond dans la colonne B.

A	B
a. Mauvaise nourriture.	1. Dénutrition.
b. Nourrir beaucoup trop quelqu'un.	2. Mercantile.
c. Qui est physiquement faible, insuffisamment développé.	3. Malnutrition.
d. Absence de nourriture.	4. Dividende.
e. Manque total d'une chose nécessaire à l'alimentation ou à l'activité d'une collectivité.	5. Malingre.
f. Se dit d'une personne ou d'un objet dont l'aspect révèle une large aisance.	6. Cossu (e).
g. Personne qui ne sait ni lire ni écrire.	7. Suralimenter.
h. Caractérise l'activité d'une personne préoccupée surtout de gagner de l'argent.	8. Pénurie.
i. Caractérise un repas fait d'aliments très simples et peu abondants.	9. Analphabète.
j. Quote-part des bénéfices réalisés par une société, et attribuée à chaque associé.	10. Frugal.

43. Antonymes

Cherchez le contraire des mots en italique dans les phrases suivantes :

1. Dans cette région, j'ai vu des familles *nécessiteuses*, qui vivaient dans l'*indigence*.
   (Dans cette région, j'ai vu des familles *rich*........., qui vivaient dans l'*op*.........)

2. Étant insuffisamment nourris, ces enfants sont *malingres*.
   (Étant suralimentés, ces enfants sont *ob*.........)

3. Certains foyers ne disposent pour vivre que du *minimum vital*; ils sont à la limite de la gêne.
   (Certains foyers disposent du *sup*..........; ils sont dans l'aisance.)

4. Ces juristes n'offraient leurs services que par *cupidité*. Ils cherchaient à obtenir un pourcentage sur l'affaire qu'ils se proposaient de régler.
   (Ces juristes offraient leurs services avec *dés*.......... Ils ne cherchaient qu'à se rendre utiles.)

5. Sur le bord de la route, nous avons fait un repas *frugal* : salade, yaourt, fruits..
   (Lors des banquets, les repas sont souvent *plan*..........: le menu comporte au moins deux entrées et autant de desserts.)

6. Cette activité est très *lucrative*. Elle rapporte au moins 20 000 F par mois à ceux qui l'exercent.
   (Cette activité est peu *ren*.......... Elle ne rapporte pas 2 000 F par mois à ceux qui l'exercent.)

44. Synonymes

Cherchez un synonyme à chacun des mots en italique dans les phrases suivantes :

1. – Des enfants *malingres* étaient assis à l'entrée du village. Leur aspect et l'état des habitations exprimaient la misère.

   – Des enfants *ché. . . . .* (ou *souffre. . . . .*) étaient assis à l'entrée du village.

2. – Les banques qui *financent* cette opération exigent des garanties.

   – Les banquent qui *com. . . . .* cette opération exigent des garanties.

3. – Vous ne pourrez demander à tout le monde de travailler bénévolement. Il vous faudra *rétribuer* des gens pour réaliser votre œuvre.

   – Il vous faudra *rém. . . . .* (ou *app. . . . .*) des gens pour réaliser votre œuvre.

4. – Quand l'économie d'un pays est *florissante,* il n'y a guère de conflits sociaux.

   – Quand l'économie d'un pays est *pro. . . . .,* il n'y a guère de conflits sociaux.

5. – Guillaume a su *économiser* l'argent qu'il gagnait.

   – Guillaume a su *ép. . . . .* l'argent qu'il gagnait.

6. – Certaines villes *très cossues* contrastent avec les bidonvilles de la banlieue.

   – Certaines villes *lu. . . . .* contrastent avec les bidonvilles de la banlieue.

7. – Le chef de travaux se plaint d'une *pénurie* de main-d'œuvre qualifiée.

   – Le chef de travaux se plaint d'un *m. . . . .* de main-d'œuvre qualifiée.

8. – Malgré sa fortune, cet homme est *ladre.* Il hésite à dépenser 1 franc!

   – Malgré sa fortune, cet homme est *av. . . . .* Il hésite à dépenser 1 franc!

45. Appréciation

Dans chacune des phrases suivantes, voyez si le mot en italique est employé à bon escient. Dans l'affirmative, portez en regard de la phrase la lettre $\boxed{C}$ *(correct); dans la négative, portez un* $\boxed{I}$ *(incorrect) et proposez un corrigé.*

1. Ces gens vivent dans *l'opulence*; ils ne disposent pas du minimum vital.

2. Étant donné la *modicité* de ses revenus, cette personne âgée ne peut s'offrir les services d'une femme de ménage.

3. Malgré sa situation brillante, cet homme fait preuve de *modestie*. Il ne cherche jamais à se mettre en valeur.

4. Les subventions municipales ont été accordées avec *parcimonie* : des sommes très importantes ont été allouées à certaines associations.

5. L'appui de Philippe t'est *acquis*; il te soutiendra indéfectiblement.

6. On ne peut encore se fier au jugement de Patricia. Elle ne travaille dans l'entreprise que depuis trois mois. Elle a un certain *acquis*.

7. Dans la salle de conférences, un système d'épuration *viciait* l'air constamment, le débarrassant notamment des fumées de cigarettes.

8. L'usine étant très endettée, le chef d'entreprise redoute la fin du mois. En effet, les *créanciers* se manifesteront alors, et réclameront le versement des intérêts dus.

9. Cettte banque prête de l'argent aux associations à un taux *usuraire* de 20 à 30 %. Nous ne pouvons envisager d'y faire un emprunt. Les intérêts grèveraient notre budget.

10. Le sous-développement est un engrenage mortel : l'insuffisance de l'industrialisation et de l'agriculture entraîne un niveau de vie très bas. Inexorablement, les gens s'enfoncent dans la misère. C'est le *paupérisme*. ☐

11. Être si riche, et lésiner à ce point pour donner 10 francs!... Quelle *ladrerie*! ☐

12. Dans les pays riches, les gens souffrent souvent de *dénutrition*. Certains se gavent comme des oies. ☐

13. Il y a *pénurie* de candidats pour ce poste : 148 personnes font acte de candidature. ☐

14. Un repas *plantureux* nous a été servi : thé, biscuits et quelques figues. ☐

15. La malnutrition donnait à ces enfants de gros ventres, mais cela ne nous trompait pas. Les visages émaciés, les membres maigres, la peau décharnée montraient qu'il s'agissait d'enfants *malingres*. ☐

46. Relevé

1. Le texte ci-dessous comporte dix mots employés dans les exercices précédents; soulignez-les et classez-les à l'aide du tableau ci-dessous. Tous ont trait à l'argent.

J'avais envisagé de participer au financement de cette maison de retraite. Mais je me suis vite aperçu que les promoteurs de cette affaire étaient cupides. Ils cherchaient avant tout à rentabiliser rapidement et massivement le bâtiment. Dès lors, le mercantilisme était évident, et j'ai démissionné de l'équipe dirigeante.

Depuis, la maison s'est créée, mais elle est strictement privée. Le prix de journée est coûteux, mais le personnel n'est pas très bien rémunéré pour autant. Je connais une dame qui travaille dans cet établissement : ses appointements mensuels sont faibles. La modicité de cette rétribution me choque, car le travail est tout de même fatigant et les responsabilités importantes.

Bref, c'est une affaire très lucrative pour ses promoteurs. Quand les bilans sont faits, en fin d'année, les actionnaires touchent de jolis dividendes.

2. *Parmi les dix mots relevés, cherchez ceux qui correspondent aux définitions suivantes :*

a. Faire rendre à une affaire des bénéfices satisfaisants :
r..........

b. Exercice d'une activité inspirée par le seul souci de gagner de l'argent, exactement comme le ferait un commerçant : m..........

c. Donner un salaire pour un travail qui a été accompli :
r..........

d. Quote-part des bénéfices réalisés par une société, et distribuée à chaque associé : d..........

e. Synonyme d'«émoluments» : a..........

Verbes	Adjectifs	Noms
....	....	....
....	....	....
....	....	....
....	....	....
....	....	....
....	....	....
....	....	....
....	....	....
....	....	....
....	....	....

Vivre en société $\boxed{5}$

47. Trouver le mot juste[1]

1. *Les mots ci-dessous appartiennent tous à la famille de « vie ». Soulignez celui qui correspond à cette définition :* Caractérise quelque chose ou quelqu'un avec lequel on peut vivre, parce qu'il est supportable.

2. *Donnez le sens des autres mots :* viable – vital – vivable – vivace.

48. Former des mots

Le mot « sociable » comporte le suffixe -able, qui a souvent ce sens : « qui peut être, qui est capable de ». « Sociable » signifie donc : « qui peut vivre en société ; qui est capable d'avoir de bonnes relations sociales ». En utilisant le suffixe -able, et en prêtant attention aux mots en italique, recherchez les mots qui correspondent aux définitions suivantes :

	EXEMPLES
1. Qui peut *vivre*.	Une enfant v..........
2. Qu'on peut *envier*.	Une situation en..........
3. Qu'on peut régler *aimablement*.	Un arrangement à l'a..........
4. Qu'on peut *habiter*.	Un logement h..........
5. Qui peut payer (du latin : *solvere* : payer).	Un locataire sol..........

1. Les corrigés des exercices 47 à 59 sont regroupés à partir de la p. 130.

6. Qui peut *secourir* ou qui secourt déjà.

Un geste
se..........

7. Qui peut être *imposé,* c'est-à-dire frappé par l'impôt.

Un revenu
im..........

8. Qu'on peut cultiver à l'aide d'instruments *aratoires* (c'est-à-dire agricoles).

Une terre
ar..........

9. Qu'on ne peut pas *nier.*

Un signe
ind..........

10. Qui ne peut être *récusé.*

Un témoignage
irr..........

49. Rapprocher des mots

Cherchez parmi les mots suivants ceux qui désignent des personnages dont la fonction ou l'action sont de nature à favoriser la vie sociale :

un maire – un asocial – un philanthrope – un médiateur – un misanthrope.

50. Constituer une famille de mots

Les mots à rechercher ci-dessous appartiennent tous à la famillle de «user». Indiquez quel mot ou quelle locution correspond à chacune des définitions suivantes.

1. Personnes qui usent habituellement d'un moyen de transport.

→ Des *us*..........

2. Le fait de bien se servir de quelque chose.

→ En faire *b*..........
   u..........

3. Les habitudes traditionnelles d'une région ou d'une communauté.

→ Les *u*..........
   et *c*..........

4. Se dit d'un mot peu employé.

→ Peu *u*..........

51. Rechercher des mots

L'exercice 50 comporte une locution où figure le mot «coutumes». Cherchez l'adjectif, le verbe, puis le nom qui appartiennent à la famille de «coutumes» :

1. Georges a encore emprunté le sens interdit. Il aura une contravention un jour ou l'autre, car il est *c*. . . . . du fait.

2. A force de prendre ce médicament, le malade a fini par s'y *acc*. . . . . ; c'est pourquoi l'effet du remède est plus faible.

3. Dans cet immeuble, le nombre de décibels est élevé car les occupants sont bruyants. Avec le temps, les gens s'habituent à cette situation et c'est dangereux, car l'*acc*. . . . . au bruit n'est pas bonne. Elle dérègle le système nerveux.

52. Repérer des mots

1. *Sans relire les exercices précédents, soulignez dans le texte ci-dessous les mots qui ont figuré dans les exercices 49-50-51.*

UNE PERTURBATION DANS L'AUTOBUS 22

Les usagers de l'autobus 22 se plaignent depuis quelque temps du comportement d'un être asocial. C'est un marginal qui vit en squatter dans un entrepôt désaffecté. Cet homme injurie les passagers du bus, s'en prenant tantôt à l'un, tantôt à l'autre. Il est coutumier du fait. A la longue, les gens se lassent et répondent; ils ne peuvent s'accoutumer à ces agressions continuelles. Cela crée un climat de tension constante qui devient invivable. Un responsable des transports en commun a infligé une amende au trublion; mais cela reste sans effet puisque le personnage n'est pas solvable.

2. *A l'aide du dictionnaire, cherchez le sens des mots que vous ne connaîtriez pas.*

53. Substituer des mots à d'autres

Dans les phrases suivantes, remplacez le mot ou le groupe de mots en italique par un autre terme. Les premières lettres de ce dernier vous sont données pour vous aider. Si, cependant, vous ne trouviez pas le mot désiré, vous pourriez le rechercher ensuite dans l'encadré proposé à la fin de l'exercice et dont les termes sont imprimés à l'envers.

1. On va construire une voie express reliant plusieurs agglomérations. Cela va alourdir le budget des *communes locales.*
   (Cela va alourdir le budget des *col*.......... locales.)

2. Aucun résident n'usera de perceuse électrique après 20 heures. C'est une règle *généralement* admise dans notre immeuble.
   (C'est une règle *com*......... admise dans notre immeuble.)

3. Avoir conscience de ses responsabilités de citoyen et s'efforcer de les assumer, c'est faire preuve *du sens des devoirs qu'on a envers son pays.*
   (C'est faire preuve de sens *ci*.........)

4. *Toutes les personnes qui ont une fonction sociale importante dans la ville : le maire, ses adjoints, le percepteur,* etc. étaient à la tête du cortège.
   (Tous les *no*......... de la ville étaient à la tête du cortège.)

5. Après les incidents diplomatiques qui se sont produits la semaine dernière, la France fait revenir *les Français qui habitent dans ce pays.*
   (La France fait revenir ses *ressor*.........)

6. Dans toute nation, il existe une *hostilité latente envers les étrangers.*
   (Dans toute nation, il existe une *xé*.......... latente.)

7. Le stationnement est interdit dans cette rue, sauf pour *les gens qui y habitent*.
(Le stationnement est interdit dans cette rue, sauf pour les *riv*. . . . .)

8. La mauvaise insonorisation des grands ensembles finit par détériorer *les bons rapports qu'avaient les voisins entre eux*.
(La mauvaise insonorisation des grands ensembles finit par détériorer les rapports de *b*. . . . . *voi*. . . . .)

9. Il faut revoir *l'ensemble des lois et règlements qui définissent la situation de cette maison de retraite*.
(Il faut revoir le *st*. . . . . de cette maison de retraite.)

10. Dans cette affaire, ce n'est pas un simple particulier qui est en cause, *c'est toute la structure de l'office : son règlement, son organisation*, etc.
(Dans cette affaire, ce n'est pas un simple particulier qui est en cause, c'est l'*inst*. . . . . tout entière.)

11. En cas de danger collectif, les gens ont tendance à se rassembler et à s'unir. C'est l'instinct *de regroupement* qui joue.
(C'est l'instinct *gré*. . . . . qui joue.)

12. La municipalité a passé *un accord écrit* avec cette entreprise. Le document a été signé par le maire et le directeur de la firme.
(La municipalité a passé une *conv*. . . . . avec cette entreprise.)

54. Identifier des mots

Les mots présentés ci-dessous dans la colonne A appartiennent tous à la famille de «collectivité». Reliez chacun d'eux à la définition qui lui correspond dans la colonne B :
(Un mot de A sera utilisé deux fois.)

A	B
Collectif	1. Action de recueillir des dons.
Collecte	2. Système politique qui supprime la propriété privée des moyens de production.
Collectivisme	3. a. Ensemble de dispositions d'un projet de loi de finances (nom).
	b. Qui comprend ou concerne un ensemble de personnes (adj.).

55. Compléter une famille de mots

Vous connaissez à présent les mots suivants : «collectivité – collectif (ve) – collecte – collectivisme»; complétez cette famille de mots en recherchant : le verbe qui correspond à «collecte», puis l'adverbe qui correspond à «collectif». Employez chacun d'eux dans une phrase.

– Verbe : *col*.......... Phrase : ....
– Adverbe : *col*.......... Phrase : ....

56. Employer des mots

Indiquez quels mots de la famille de «collectivité» peuvent combler les pointillés des phrases suivantes. (Vous avez vu ces mots dans les exercices 54 et 55.)

1. Grâce à une quête sur la voie publique, on a *col*.......... 2 millions de francs en faveur de la recherche médicale.

2. Ce pays pratique le *col*.......... : tous les moyens de production y sont entre les mains de l'État.

3. Nous avons agi *col*. . . . . : tout le monde a signé la pétition et s'est déclaré solidaire de la démarche.

4. Cette lettre a été *col*. . . . ., puisque tous les locataires l'ont signée.

57. Chercher le contraire des mots

Dans les phrases suivantes, cherchez le contraire des mots en italique :

1. Luc et Sophie défendent des intérêts *communs*.
   (Luc et Sophie défendent des intérêts *par*. . . . .)

2. Cette personne est très *commune*.
   (Cette personne est très *dis*. . . . .)

3. Les fleurs de cette plante sont orangées. C'est une variété *commune* de l'azalée.
   (Les fleurs de cette plante sont orangées. C'est une variété *exc*. . . . . de l'azalée.)

4. Ce garçon est *communicatif*.
   (Ce garçon est *se*. . . . .)

58. Passer d'un mot à un autre

Les quatre mots que vous êtes invité à rechercher ci-dessous appartiennent respectivement à la famille de «notable – civique – statut – distingué (e)». Essayez de trouver chacun d'eux.

1. Ce savant a une *not*. . . . . internationale. On le connaît et on le respecte dans le monde entier. (Famille de «notable».)

2. Nos concitoyens manquent parfois de *civ*. . . . . Ils ne respectent pas toujours le bien public, ou ils oublient quelquefois d'aller voter. (Famille de «civique».)

3. Le tribunal n'a pas encore *sta*. . . . . sur le cas de cet enfant. L'affaire reste en suspens. (Famille du mot « statut ».)

4. Cette dame est bien élevée. Elle a une grande *dis*. . . . . (Famille de « distingué ».)

59. Trouver des synonymes

Lisez le texte suivant et cherchez un synonyme à chacun des mots ou groupes de mots en italique. Les premières lettres de ce synonyme vous sont données pour vous aider.

LES RAPPORTS SOCIAUX

Les rapports entre partenaires sociaux ne sont pas toujours faciles. Cela tient, certes, à la nature du litige qui les oppose et au degré de tension de la situation. Mais cela dépend aussi du tempérament des individus. L'un est d'un naturel peu *aimable (am*. . . . .), et prompt à s'emporter. Dans quelque contexte que ce soit, ses rapports avec les autres sont rarement *chaleureux* (*cor*. . . . .). Pour peu qu'on lui résiste, il se fâche et use de propos *piquants (ace*. . . . .). Dans ces conditions, les négociations sont difficiles. Tel autre est *froid (dist*. . . . .) et peu *causant (com*. . . . .), ce qui fait qu'on a la peine à savoir exactement ce qu'il pense. Tel autre, au contraire, est bavard. Il *garde toujours (mon*. . . . .) la parole, et fait de nombreuses *remarques hors du sujet (dig*. . . . .). Avec lui, les discussions s'éternisent et s'embrouillent.

Il faudrait que les représentants des divers corps sociaux soient des gens *clairvoyants (luc*. . . . .), *calmes (pond*. . . . .) et *capables (comp*. . . . .). Il faudrait aussi qu'ils soient formés à ce type de relations humaines que sont les conflits sociaux. Les gens sont là bien souvent pour *s'arranger (né*. . . . .), non pour se battre.

60. Découverte des mots[1]

*1. Lisez le texte suivant ; puis proposez une définition des
mots qui figurent à la suite du texte.*

«La poursuite de la croissance s'identifie aux objectifs
des grandes entreprises modernes. La raison en est
simple : l'expansion des ventes et de l'embauche dans une
entreprise rentable engendre pour ses membres des pro-
motions plus rapides, des émoluments plus élevés, bref
un prestige et une puissance accrus.
Parce qu'elle offre des avantages, la croissance devient la
raison d'être de l'entreprise ; d'où sa promotion au rang
d'objectif social de la collectivité. D'autre part, le succès
économique et politique d'un pays se mesure à l'accroissement de son produit national brut, tout simplement
parce que l'entreprise se développe mieux dans une
économie en expansion. Enfin, bon nombre de problèmes
sociaux trouvent leur solution dans une croissance et
dans la progression des revenus. L'intérêt d'un pays et
celui de ses entreprises se rejoignent donc dans l'expansion. Aujourd'hui, cependant, le rythme d'expansion
risque d'être plus lent. Pour cette raison, nous n'avons
pas tellement besoin de nous préoccuper des ressources
de l'épargne disponible pour l'investissement.»

D'après J.K. Galbraith, *Tout savoir ou presque sur l'économie,*
Éd. du Seuil.

rentable : . . . .
émoluments : . . . .

1. Les corrigés des exercices 60 à 69 sont regroupés à partir de la p. 133.

produit national brut : ....
expansion : ....
investissement : ....

2. Pour chacun des mots suivants, trouvez un antonyme :

Expansion → Réc.........
Rentable → Défi.........

3. Cherchez le nom qui a le sens suivant : «Fait d'employer des capitaux pour améliorer la production d'une entreprise» :

Inves.........

Quel est le verbe qui lui correspond?

Inv.........

61. Usage des sigles

Dans le texte précédent, vous avez découvert l'expression : «produit national brut». On la désigne souvent par le sigle «P.N.B.».
Cherchez la signification des sigles suivants souvent employés dans la vie économique et sociale :

F.M.I. : ....
O.C.D.E. : ....
S.M.I.C. : ....
A.N.P.E. : ....
T.T.C. : ....
P.M.E. : ....
T.V.A. : ....
D.A.T.A.R. : ....

62. Expressions

A chaque expression proposée dans la colonne A correspond une définition dans la colonne B. Reliez-les par une flèche :

A	B
● Faire jurisprudence.	● Suspendre une obligation; accepter qu'un débiteur bénéficie d'un délai supplémentaire pour rembourser ses dettes.
● Équilibrer la balance des paiements.	● Percevoir, encaisser...
● Atteindre le seuil de rentabilité.	● Faire autorité en interprétant la loi.
● Accorder un moratoire.	● Faire en sorte que les bénéfices couvrent, selon un certain pourcentage, le remboursement des emprunts.
● Définir un protocole d'accord.	● Atteindre le moment où une entreprise commence à faire des bénéfices.
● Procéder au recouvrement de ...	● Établir les règles d'un accord.

63. Définitions

1. En regard de chacun des mots suivants, vous trouverez deux définitions. Encadrez celle qui correspond au mot et essayez de trouver le mot correspondant à l'autre :

COMPROMIS   a. Fait de s'impliquer dans une action malhonnête par laquelle on court le risque de nuire à sa propre réputation.

b. Accord obtenu par des concessions faites par chacun des partis en présence.

PROCÉDURE   a. Méthode utilisée pour instruire une affaire devant les tribunaux, pour obtenir un résultat donné.

b. Façon d'agir à l'égard d'autrui ou méthode employée pour parvenir à un certain résultat.

PLUS-VALUE   a. Abondance extrême, excès.

b. Accroissement de la valeur d'un produit, d'un bien.

AMORTISSEMENT   a. Répartition, dans le temps, d'une charge financière correspondant au remplacement de quelque chose : machine, appareil, etc.

b. Emploi de capitaux nouveaux pour augmenter la production d'une entreprise.

2. Retrouvez les mots qui correspondent aux définitions suivantes :

a. Décision de tribunal qui peut servir de référence dans le règlement des litiges : *juris.........*

b. Surplus de production d'un produit par rapport aux besoins : *exc ....*

c. Action de percevoir les sommes que l'on a prêtées : *rec..........*

64. Familles de mots

1. Le terme «produire» est l'un des mots clés de l'économie; recherchez les mots de sa famille qui correspondent aux définitions suivantes :

Nom :   *Pr*.......... : Rapport qui existe entre la production et les moyens mis en œuvre pour le réaliser.

Adjectif : *Pr*.......... : Qui produit ou qui rapporte (des intérêts, par exemple).

Adjectif : *Im*.......... : Qui ne produit rien, peu rentable.

2. a. Le mot «plus-value» appartient à la famille de «valeur».
Recherchez les mots qui signifient : Donner de la valeur à quelque chose.

Donner de la valeur à quelque chose : *Va*..........
Redonner de la valeur à quelque chose : *R*..........

b. Quels sont les noms qui correspondent à ces verbes?

V.......... *R*........

65. Retrouver les synonymes

Dans chacune des phrases suivantes, trouvez le synonyme des mots en italique (il s'agit de mots que vous avez déjà rencontrés dans les exercices précédents).

a. A l'issue des négociations, les partenaires sociaux ont abouti à une *transaction honorable pour chacun d'eux*. (A l'issue des négociations, les partenaires sociaux ont abouti à un *c*.........)

b. La micro-électronique est un secteur en pleine *croissance*. (La micro-électronique est un secteur en pleine *ex*.........)

c. Du fait de la hausse des matières premières, l'économie des pays industrialisés subit une période de *recul* qui se traduit par un accroissement du chômage.

(Du fait de la hausse des matières premières, l'économie des pays industrialisés subit une période de *ré. . . . .*)

d. C'est par de nouvelles techniques de fabrication que l'industrie textile peut augmenter ses *rendements*.

(C'est par de nouvelles techniques de fabrication que l'industrie textile peut augmenter sa *pr. . . . .*)

e. Les salaires avaient été bloqués alors que l'inflation continuait. Les dernières négociations salariales ont permis leur *réajustement*.

(Les salaires avaient été bloqués alors que l'inflation continuait. Les dernières négociations salariales ont permis leur *rev. . . . .*)

66. Trouver le mot précis

Dans les phrases suivantes, remplacez le groupe de mots en italique par un mot précis. Les premières lettres de ce mot vous sont données pour vous aider. Si, toutefois, vous ne le trouviez pas, vous pouvez le chercher dans l'encadré proposé à la fin de l'exercice et dont les mots sont imprimés à l'envers.

1. A l'issue de la réunion entre le patronat et les syndicats, les partenaires sociaux ont signé *un document qui consigne les résolutions* d'un accord sur la durée du travail hebdomadaire.

(Les partenaires ont signé un *pro. . . . . d'accord.*)

2. Les ventes ont chuté et les coûts de production ne cessent d'augmenter. C'est la raison pour laquelle l'entreprise *voit sa productivité baisser et s'en trouve menacée.*

(C'est la raison pour laquelle l'entreprise *péri. . . . .*)

3. En se référant *aux éléments définis dans le contrat d'embauche,* le syndicat a fait valoir les droits du salarié.
   (En se référant aux *cl.......... du contrat.*)

4. En raison du redéploiement industriel, l'industrie sidérurgique a dû *se réorganiser en adoptant une nouvelle structure.*
   (L'industrie sidérurgique a dû se *res..........*)

5. Après le dépôt de bilan, l'entreprise a été placée sous la tutelle d'un syndic; celui-ci est chargé de gérer les affaires en remboursant d'abord *ceux qui avaient prêté des capitaux.*
   (En remboursant d'abord les *cr..........*)

6. Cet employé est en conflit avec son patron pour une question de congés payés; le différend sera porté devant *les juges chargés des affaires professionnelles.*
   (Le différend sera porté devant les *pr..........*)

7. Autrefois, l'entreprise louait un photocopieur; cela représentait pour elle une lourde charge. Aujourd'hui, les tirages de copies sont devenus si nombreux que la firme a acheté son propre photocopieur. L'achat de cet appareil a rapidement été *couvert par les économies que cette opération a permises.*
   (L'achat de l'appareil a rapidement été *am.........*)

8. Lorsque les investisseurs *seront rentrés en possession* des sommes précédemment placées, ils envisageront un nouveau placement de leur capital.
   (Lorsque les investisseurs auront *rec..........* les sommes précédemment placées, ils envisageront un nouveau placement de leur capital.)

9. Pour mettre en place le comité d'entreprise, il faut suivre *une série de formalités* définies par la législation du travail.
   (Il faut suivre une *pro..........* définie par la législation du travail.)

10. L'augmentation des charges à la production se répercute sur le prix de vente des produits. C'est là un facteur *qui contribue à la hausse des prix* dans l'économie nationale.

(C'est là un facteur *inf.*. . . . . dans l'économie.)

11. On a souvent reproché aux grandes puissances de mener une politique *qui vise à accroître leur domination économique sur les autres pays.*

(On a souvent reproché aux grandes puissances de mener une politique *exp.*. . . . .)

inflationniste – amortir – péricliter – créancier – clause –
expansionniste – prud'hommes – procédure – recouvrer –
protocole – restructurer.

67. Rapprocher des mots

Par des flèches, reliez chaque mot de la colonne A au mot de la colonne B qui est de sens contraire :

A	B
• fluctuation	• proroger
• résilier	• désaccord
• compromis	• stabilité
• transgresser	• se conformer à

68. Proposer un synonyme

Proposez un synonyme aux mots en italique.

1. En raison d'une *situation* économique difficile, les investissements ont diminué de moitié.

(En raison d'une *conj.*. . . . . économique difficile, les investissements ont diminué de moitié.)

2. C'est M. Bulteau qui est chargé *de rassembler les éléments relatifs à* cette affaire devant le tribunal de Douai.

(C'est M. Bulteau qui est chargé d'*ins.*. . . . . cette affaire devant le tribunal de Douai.)

3. Ce pays a d'énormes ressources; aussi exerce-t-il une véritable *suprématie* sur le marché des matières premières.

(Ce pays a d'énormes ressources; aussi exerce-t-il une véritable *hég*. . . . .)

4. Pour régler ce contentieux, il faut *s'adresser* au Conseil des Prud'hommes.

(Il faut *en réf*. . . . . *au* Conseil des Prud' hommes.)

69. Classer les mots

Les mots ci-dessous appartiennent au vocabulaire socio-économique. Classez-les selon les rubriques proposées ensuite.

déclin – arbitrage – majoration – concilier – extension – récession – accommodement – péricliter – expansion – consensus – transaction – régression – croissance – arrangement – recul – accroissement – essor – compromis – composer.

Termes qui expriment une augmentation	Termes qui expriment une diminution	Termes qui expriment la recherche d'un accord
Noms	Noms	Noms
. . . .	. . . .	. . . .
. . . .	. . . .	. . . .
. . . .	. . . .	. . . .
. . . .	. . . .	. . . .
. . . .	Verbe	. . . .
. . . .	. . . .	Verbes
		. . . .
		. . . .

7 | Le temps qui passe

70. «Temps» et ailleurs[1]

Parmi les mots suivants, trois proviennent du mot «temps». Soulignez-les et utilisez chacun d'eux dans une phrase.

temporaire – temple – temporiser – tempérer – tempe – temporel – tempérament.

71. Famille de temps

Dans les phrases suivantes, comblez les pointillés par des mots que vous choisirez parmi ceux proposés dans l'exercice 70 :

1. La solution qui a été adoptée par ce gouvernement ne résoudra pas le problème posé. Elle ne fera que surseoir à sa résolution, car elle est . . . . : elle prendra fin dans deux mois.

2. Dans cette affaire, ce n'est pas le temps qui compte, mais l'événement. Ainsi, le déroulement . . . . de l'action n'a pas de valeur en soi.

3. Une décision ne se prenant pas précipitamment, nous avons essayé de . . . . En notre nom, Jeanne a demandé un délai de réflexion. Il nous a été accordé.

72. Valeur liée au temps

Il arrive parfois que la valeur d'une chose (document, ticket, vaccin, etc.) soit liée à une date. Des mots existent pour signaler ce fait. Essayez de les trouver pour chacune des phrases ci-dessous. Si vous n'y parvenez pas, consultez

1. Les corrigés des exercices 70 à 86 sont regroupés à partir de la p. 136.

l'encadré proposé à la fin de l'exercice et dont les mots sont imprimés à l'envers.

1. Ta carte d'identité est *pé*. . . . . Il faut la faire renouveler.

2. Votre bail est *cad*. . . . .; il expirait le 1er juin dernier.

3. Ce gouvernement croit à la *pér*. . . . . des institutions qu'il met en place; il veut donner à son pays un régime extrêmement stable.

4. En signant le contrat, les deux partenaires se sont mis d'accord sur la durée de sa *va*. . . . . L'accord prendra effet le 12 mars au matin et expirera le 16 décembre à 20 heures.

> périmé(e) – validité – caduc – pérennité.

73. Plus ou moins proche du présent

1. Classez les adjectifs ci-dessous selon qu'ils sont plus ou moins proches du présent.

ancien – archaïque – récent – antédiluvien.

2. Cherchez parmi ces mêmes adjectifs ceux qui ont un adverbe qui leur correspond. Indiquez cet adverbe.

74. La permanence ou son contraire

Nos actions peuvent se dérouler dans le temps de façon permanente, ou au contraire s'interrompre, puis recommencer, etc. Dans les phrases suivantes, chaque mot en italique marque la permanence; essayez de trouver son contraire.

1. Les chutes de pluie ont été *incessantes*.

1 bis. Les chutes de pluies ont été *inter*. . . . .

2. A la frontière, les accrochages entre les deux armées sont *continuels*.

2 bis. A la frontière, les accrochages entre les deux armées sont *spor*. . . . .

3. De façon générale, on peut dire que l'expansion de nos entreprises a été *continue* depuis deux ans.

3bis. De façon générale, on peut dire que l'expansion de nos entreprises a été *di.........*

4. Je souffre d'une bronchite *chronique*.

4bis. Je souffre d'une bronchite *pass.........*

5. Notre effort de redressement a été *durable*.

5bis. Notre effort de redressement a été *fug...........*
éph ....

6. Ce joueur suit les séances d'entraînement de façon *assidue*.

6bis. Ce joueur suit les séances d'entraînement de façon *irr...........*

75. Continuer

Dans chacune des phrases suivantes, indiquez s'il vaut mieux employer le mot «continuité» ou «continuation» :

1. Je me charge de la .... des travaux. Je les mènerai à terme.

2. Le maire a le souci d'assurer la .... de sa politique. Il forme une équipe capable de le relayer à l'avenir.

76. Périodes du temps

Reliez les mots de la colonne A aux définitions de celle de B qui leur correspondent :

A
- décade
- décennie
- centenaire

- millénaire

B
- période de mille ans.
- période de dix ans.
- centième anniversaire d'un événement.
- période de dix jours.

77. Découpage du temps

Indiquez à quelle définition de la colonne B appartient chaque mot ou groupe de mots en italique dans les phrases de la colonne A :

A	B
1. Le *laps de temps* qui s'est déroulé entre l'accident et l'arrivée du SAMU a été court.	a. Retour d'un fait à intervalles plus ou moins réguliers.
2. Le Romantisme constitue une *phase* importante de notre histoire littéraire.	b. Chacune des étapes successives d'une situation en évolution.
3. Les invasions de sauterelles se reproduisent dans le Vaucluse. Les savants étudient la *périodicité* du phénomène.	c. Espace de temps de longue durée qui commence avec un nouvel ordre des choses.
4. Avec l'apparition des ordinateurs, commence l'*ère* des robots.	d. Espace de temps.

78. Age et temps

Indiquez par quel mot on désigne les personnages suivants :

Une personne qui a quarante ans : un *qua*. . . . .
Une personne qui a cinquante ans : un *quin*. . . . .
Une personne qui a soixante ans : un *sex*. . . . .
Une personne qui a soixante-dix ans : un *sep*. . . . .
Une personne qui a quatre-vingts ans : un *oct*. . . . .

79. Presse et temps

Vous trouverez dans la colonne A des mots désignant des journaux, et dans la colonne B des fréquences de parution. Reliez chaque mot de A à la notation de B qui lui correspond :

A
- Un *quotidien*

- Un *hebdomadaire*
- Une revue *mensuelle*
- Un journal *dominical*
- Un *périodique*

B
- paraît à des intervalles réguliers : semaine, mois ou trimestre.

- paraît chaque mois.
- paraît chaque semaine.
- paraît chaque jour.
- paraît chaque diman-che.

80. Mode et temps

1. *Dans chacune des phrases suivantes, trouvez un ou des synonymes aux mots en italique.*
2. *Cherchez le verbe qui correspond à l'adjectif « actuel » ; employez-le dans une phrase.*

a. Le baisemain est une coutume *démodée.*
   (sur. . . . ., désu. . . . .)
b. Cette œuvre est tout à fait *actuelle.* (mo. . . . .)
c. Voilà une architecture *d'avenir.* (fu. . . . .)

81. Préfixes du temps

1. *La langue française a des préfixes qui servent à situer des moments par rapport au présent. En voici cinq. Indiquez en regard s'ils s'appliquent à des moments situés avant ou après le présent :*

   anté-. . . . .
   post-. . . . .
   pré-. . . . .

rétro-. . . . .
ultra-. . . . .
(contracté en ult-)

2. *Dans chacune des phrases suivantes, le début d'un mot vous est donné ; il s'agit d'un préfixe précédemment cité. Essayez de trouver le mot dont il s'agit.*

a. La poussière monte et le ciel s'obscurcit. Ce sont là les signes *préc*. . . . . d'un orage.

b. Dans ce collège, la pédagogie est vraiment *rétro*. . . . . : on enseigne encore comme il y a cinquante ans.

c. En l'absence du président, notre comité ne peut siéger. La réunion est donc remise à une date *ul*. . . . .

d. Notre expérience s'est soldée par un échec. Il faut revenir maintenant aux méthodes *anté*. . . . ., c'est-à-dire à la façon dont nous travaillions précédemment.

e. Ma visite a été *post*. . . . . à ton départ. Tu venais de quitter la région quand j'y suis arrivée.

82. Autour du préfixe «rétro»

Plusieurs mots français commencent par le préfixe «rétro». Voici leurs définitions ; essayez de retrouver ces termes :

1. Verbe : Revenir en arrière. Perdre des acquisitions, régresser : *rétrog*. . . . .

2. Nom : Exposition présentant l'ensemble des œuvres d'un autre, ou toute une période du passé : une *rétros*. . . . .

3. Adverbe : En regardant en arrière : *rétros*. . . . .

83. Autour du préfixe «chrono»

Le préfixe «chrono» vient du mot grec khronos *qui signifiait : le temps. Plusieurs mots de notre langue commencent par ce préfixe. Voici le début de leurs définitions ; essayez de compléter chacune d'elles :*

CHRONIQUE (adj.) : Se dit des maladies qui . . . .

CHRONIQUE (nom) : Article de . . . ., consacré à un sujet particulier.

CHRONOLOGIE (nom) : Ordre et date selon lesquels des événements se . . . .

CHRONOMÉTRER (verbe) : Mesurer exactement . . . .

84. Verbes du temps

1. Lisez attentivement les phrases suivantes ; remplacez chaque verbe en italique par un synonyme. Vous le choisirez parmi les verbes proposés sous l'exercice.
2. Classez-les en utilisant la grille prévue à cet effet.

1. Pour les besoins de sa comptabilité, l'entreprise a *différé* le paiement de cette facture. Elle la réglera en juin au lieu de mai.

2. Le tribunal va *remettre* l'exécution de la peine.

3. Nous allons *anticiper* sur les intentions de nos adversaires, et faire cette démarche avant qu'ils ne la tentent.

4. On ne peut plus *atermoyer* davantage, il faut prendre une décision. Nos partenaires ne nous donnent pas de délai supplémentaire de réflexion.

   ajourner – tergiverser – devancer – surseoir à.

Verbes synonymes de *différer*	Verbe synonyme de *anticiper sur*	Verbe synonyme de *atermoyer*
. . . .	. . . .	. . . .

85. Au fil du temps

1. Soulignez dans le texte suivant les mots vus dans les exercices 70-72-74-75-76-79-80-81-82-84.
2. Deux de ces mots sont employés de façon impropre : repérez-les, et remplacez-les par les mots adéquats.

AU FIL DU TEMPS

Un journal dominical qui paraît chaque jour publiait récemment une chronique intéressante. Elle faisait une rétrospective des us et coutumes des Français, et montrait que nos mœurs changeaient sensiblement d'une décade à l'autre, c'est-à-dire sur une période d'environ dix ans. L'auteur indiquait, par exemple, que les vacances à l'étranger, encore assez rares en 1973, étaient passées dans les mœurs en 1983. L'évolution était la même pour le comportement des Français à l'égard des loisirs, pour la gestion de leur budget, etc. Nos modes de vie semblent donc relativement fugaces, et, ce qui est une habitude sociale aujourd'hui apparaîtra peut-être dans dix ans comme un comportement suranné. Le progrès incessant des techniques accélère encore ce processus évolutif. Par exemple, la vulgarisation des Minitels rendra bientôt caducs les annuaires téléphoniques. Les enfants de l'an 2000 souriront lorsqu'ils nous verront rétrospectivement (à l'occasion de la projection d'anciens films) consulter les lourds et encombrants volumes des P.T.T. Il est donc clair que la pérennité des habitudes sociales n'existe pas, et que le temps modifie nos modes de vie.

Quel comportement convient-il alors d'adopter face à ce phénomène? Faut-il anticiper pour être sûr d'être toujours de son temps, faut-il, en somme, être un éternel précurseur? Ou faut-il au contraire temporiser : attendre que les choses évoluent pour suivre le changement? En vérité, nous dit le chroniqueur du journal, peu importe. Il convient surtout de s'informer, de façon à évoluer souplement avec son temps, sans accélérations brutales.

Mais il faut aussi savoir que les aspirations fondamentales de l'homme : son besoin de bonheur, de stabilité, de sécurité, le désir de s'épanouir, demeurent permanentes sous l'évolution apparente. Il y a là une continuité incontestable.

Savoir ce fait, puis suivre sagement sans excès ni mollesse l'évolution des techniques et des usages, est peut-être l'art du bonheur. Une bonne façon, en somme, de suivre le fil du temps.

86. Se rappeler les mots du temps

Voici cinq mots rencontrés dans les exercices précédents; disposez-les ci-dessous à la place des pointillés :

sporadique – assiduité – périodicité – phase – rétrograde.

1. Parce qu'il aime et respecte les traditions, Philippe passe pour un esprit .... C'est stupide! On peut aimer les feux de la Saint-Jean et savoir se servir d'un ordinateur.

2. Dans ces études, chaque cours est capital. Il apporte des informations essentielles, sans lesquelles on ne peut suivre valablement le cours suivant. Dans ces conditions, le diplôme ne peut être délivré aux personnes qui ne suivent pas le cursus de formation avec ....

3. Cette opération est certes longue, mais elle se décompose en .... bien précises. On en compte sept d'une durée à peu près égale.

4. Mes malaises sont .... Je peux en éprouver deux coup sur coup, puis rester deux mois sans en ressentir un seul.

5. Ce pays est instable. Tous les quatre ou cinq ans, il est secoué par un coup d'État qui amène au pouvoir un nouveau chef. Les sociologues s'intéressent à la .... du phénomène.

8 L'espace et son aménagement

87. Maître mot[1]

1. L'élément « cosmo » (ou « cosme ») vient du grec kosmos *qui signifie : « le monde ». Il a donné naissance à plusieurs mots. Parmi les mots suivants, soulignez celui qui ne fait pas partie de cette famille.*

macrocosme – cosmique – cosmétique – cosmopolite – microcosme – cosmographie.

2. Cherchez les mots qu'on pourrait substituer aux expressions en italique dans les phrases suivantes. Vous choisirez ces termes dans la liste précédente.

– Cette pièce de théâtre est une *véritable image en réduction de la société* : un m . . . .
– New York est une ville *qui accueille des personnes de nombreux pays* : c . . . .
– Marc s'initie à la *description des astres et de l'univers* : la c . . . .

3. Indiquez le nom qui correspond à l'adjectif « cosmopolite » : c . . . .

88. Origine des mots

Ce qui concerne la ville est essentiellement désigné par deux familles de mots : l'une est formée à partir du mot latin urbs, *l'autre à partir du mot grec* polis. *Cherchez les mots issus de ces deux familles. Ils correspondent aux définitions ci-dessous.*

1. MOTS FORMÉS A PARTIR DE *urbs* :
- qui est de la ville (adjectif) : *u* . . . .

1. Les corrigés des exercices 87 à 98 sont regroupés à partir de la p. 142.

- politesse raffinée, un peu mondaine (nom) : u. . . . .
- étude des moyens permettant d'organiser l'habitat et la vie d'une ville (nom) : u. . . . .
- concentration croissante de la population dans des agglomérations (nom) : u. . . . .
- architecte spécialisé dans les réalisations en ville (nom) : u. . . . .

2. MOTS FORMÉS A PARTIR DE *polis* :
   - organisation assurant le maintien de l'ordre public dans un pays (nom) : p. . . . .
   - art de gouverner un pays, une cité (nom) : p. . . . .
   - civilisé (adjectif) : p. . . . .
   - donner un caractère politique à une action, un débat (verbe) : p. . . . .
   - ville principale d'une région (nom) : mét. . . . .

89. Choix du mot précis

Dans les phrases suivantes, remplacez le groupe de mots en italique par un mot précis. Les premières lettres du mot vous sont données pour vous aider. Si, toutefois, vous ne trouviez pas le mot, vous pouvez le chercher dans l'encadré proposé à la fin de l'exercice et dont les mots sont imprimés à l'envers.

1. Dans ce pavillon, la plupart des cloisons sont mobiles. Il est donc possible de *disposer les pièces* en fonction de leur utilisation.
   (Il est possible d'*ag*. . . . . les pièces en fonction de leur utilisation.)

2. A la périphérie de certaines grandes villes industrielles, les bidonvilles se développent comme *des zones où les gens sont prisonniers de la pauvreté*.

(Les bidonvilles se développent comme des *gh. . . . .* de la pauvreté.)

3. Une autoroute traverse l'agglomération. A force de protestations, *ceux qui habitent le long de cette voie* ont obtenu l'installation d'un mur antibruit.
   (A force de protestations, les *ri. . . . .* ont obtenu l'installation d'un mur antibruit.)

4. Pour se rendre aux hypermarchés, il faut avoir une voiture, car ces magasins sont souvent *construits loin du centre des agglomérations.*
   (Car ces magasins sont souvent *ex. . . . .*)

5. Une nouvelle salle de cinéma vient d'être inaugurée. Son hall, *qui est grand,* permet au public d'entrer sans bousculade.
   (Son hall *sp. . . . .* permet au public d'entrer sans bousculade.)

6. L'implantation d'une zone industrielle *sur le pourtour de* l'agglomération va créer de nouveaux emplois.
   (L'implantation d'une zone industrielle à la *pér. . . . .* de l'agglomération va créer de nouveaux emplois.)

7. Dans certaines villes cosmopolites, il se produit souvent une *séparation totale* entre les natifs de la ville et les gens d'autres origines; ces derniers se concentrent généralement dans un même quartier.
   (Il se produit une *ség. . . . .* entre les natifs de la ville et les gens d'autres origines.)

8. L'homme constitue un microcosme par rapport à *l'ensemble de l'univers.*
   (L'homme constitue un microcosme par rapport au *mac. . . . .*)

9. Dans ce quartier, les immeubles sont très nombreux. Il n'y a aucun espace vert, aucun parking, aucun terrain de jeux. Lorsqu'on y entre, on a l'impression de

pénétrer dans une sorte d'univers *fermé, où l'on regroupe les gens en masse.*

(On a l'impression de pénétrer dans un univers *conc.........*)

90. Synonymes

Cherchez un synonyme pour chacun des mots suivants :

Vaste : Un hall *sp..........*

Étroit : Un couloir *exi..........*

Séparation (selon certains critères) : Le *cli..........* entre les classes sociales est parfois très net.

Circonscrire : Loc.......... l'origine d'un sinistre.

Une *zone* (d'influence) : Une *sph..........* d'influence.

91. Formation des mots

En vous aidant du tableau ci-après, retrouvez les noms qui correspondent aux verbes ou adjectifs proposés. Ces noms sont formés avec l'un des suffixes présentés.

	-ation	-ment	-ité	-age
agencer		....		
urbaniser	....			
localiser	....			
concentrer	....			
cliver				....
exigu			....	
décentraliser	....			
brasser				....

92. Emploi des mots

Efforcez-vous de compléter les phrases suivantes sans regarder le tableau qui précède. (Consultez-le seulement après avoir essayé de compléter toutes les phrases.)

1. Ces appartements sont conçus selon les techniques les plus perfectionnées en ce qui concerne les économies d'énergie. Leur *ag*.......... permet d'utiliser au mieux l'énergie solaire.

2. Ce pays accueille depuis longtemps des émigrés venus de tous les continents. Peu à peu, un *bra*.......... des populations s'opère et les mariages entre races différentes se multiplient.

3. L'implantation d'une industrie automobile à cet endroit a provoqué une *conc*.......... de la main-d'œuvre dans la banlieue avoisinante.

4. Depuis 30 ans, les démographes constatent un exode rural continu et, en même temps, une *urb*.......... grandissante du pays : les villes ne cessent de s'accroître. On construit même des villes nouvelles.

5. Le littoral va bénéficier d'un plan d'aménagement touristique ouvert à toutes les communes. C'est un vaste projet. Pour y participer, chaque *loc*.......... doit déposer un projet d'hébergement ou de loisirs.

6. Le vestibule ne fait qu'un mètre cinquante de large. Étant donné cette *exi*.........., nous ne pourrons y placer aucun meuble.

7. Pour l'instant, les services municipaux sont regroupés autour de la mairie. Cependant, un plan de restructuration prévoit la *déc*.......... de certains services dans les différents quartiers de la ville.

93. Rapprochement de mots

En face de chaque définition proposée ci-dessous, indiquez le mot correspondant.
Dans les phrases présentées à la suite, employez celui des mots découverts qui convient.

1. a. qui est vaste, étendu. $\longrightarrow$ sp. . . . .

    b. *qui est relatif à l'espace inter-* $\longrightarrow$ spa. . . . .
    planétaire.
Phrase : Les cosmonautes revêtent une combinaison
sp. . . . . pour vivre en dehors de l'atmosphère
terrestre.

2. a. logement où l'on habite. $\longrightarrow$ h. . . . .*tion*
   b. ensemble des caractéristi- $\longrightarrow$ h. . . . .*t*
    ques d'un mode de logement.
   c. partie habitée d'un véhicule. $\longrightarrow$ h. . . . .*cle*
Phrase : Un plan de rénovation de l'h. . . . . ancien
permet aux propriétaires de bénéficier de subventions
pour entreprendre des travaux de modernisation.

3. a. désigne toute personne civique $\longrightarrow$ cit. . . . .
    qui fait partie d'une collectivité
    (notamment républicaine).
   b. désigne une personne qui ha- $\longrightarrow$ cit. . . . .
    bite la ville.
Phrase : Dans notre pays, la population rurale ne cesse
de diminuer. Le dernier recensement souligne, en revanche, une augmentation du nombre des c. . . . .

94. Sens des mots

1. Le mot métropole *désigne la ville principale d'une région. Quel autre sens a-t-il dans la phrase suivante :*

«Les échanges commerciaux entre la *métropole* et les départements d'Outre-Mer se développent» :

. . . .

2. Indiquez l'adjectif qui correspond à ce mot :

. . . .

95. Recherche de mots contraires

Cherchez le contraire des mots en italique ci-dessous :

1. Un couloir *spacieux*.
   (Un couloir *ex*. . . . .)

2. Un habitat *concentrationnaire*.
   (Un habitat *disp*. . . . ., ou *diss*. . . . .)

3. Le *brassage* des populations.
   (Le *cli*. . . . . des populations.)

4. Les quartiers *centraux* de la ville.
   (Les quartiers *exc*. . . . ., ou *péri*. . . . .)

96. Recherche de synonymes

1. Le mot «clivage» exprime l'idée d'une séparation. Trouvez deux synonymes que l'on pourrait employer dans cette phrase :

La $\begin{cases} sé. . . . . \\ dis. . . . . \end{cases}$ raciale sévit encore dans certains pays.

2. Le mot «spatial» désigne ce qui se rapporte à l'espace situé entre les planètes. Cherchez trois mots qui caractérisent l'espace situé entre les astres :

– *Inters*. . . . . (entre les étoiles).
– *Inters*. . . . . (entre les astres).
– *Interpl*. . . . . (entre les planètes).

97. Recherche de préfixes

Pour situer une action ou un lieu dans l'espace, on emploie parfois les préfixes suivants : ex («hors de»), inter («entre») ou péri («autour»). Cherchez les mots qui correspondent aux définitions suivantes :

1. Qui relie des villes entre elles.
   (Des transports *in*. . . . .)

2. Qui se trouve autour d'une ville.
   (Un boulevard *pé*. . . . .)

3. Être placé loin du centre.
   (Dans ce village, l'école est *exc*. . . . .)

98. Repérage

1. Lisez le texte suivant puis relevez : a. les noms synonymes de «ville». b. le nom désignant les habitants de la ville. c. l'adjectif qui se rapporte à la ville.

L'environnement est une préoccupation de nos contemporains, et plus particulièrement des citadins. Il y a quelques années encore, le problème ne se posait guère que pour Paris et les villes satellites. C'était l'époque où l'on découvrait les maux engendrés par les cités-dortoirs. On décida alors de ressusciter les villes nouvelles en leur donnant une âme par un agencement de centres commerciaux, d'espaces verts ou de centres culturels et sportifs. Tout cela n'aboutit qu'à de médiocres résultats.

Le mal gagna les villes de province, et les Français supportèrent de plus en plus difficilement leur univers urbain. Ils se sentirent mal à l'aise dans leurs villes. Ils avaient l'impression d'être dans un univers concentrationnaire. Les raisons de ce fait sont doubles : d'abord, la vie urbaine n'était pas exempte de difficultés : insuffisance des transports en commun, rareté des crèches, proximité d'autoroutes ou d'usines polluantes, anarchie dans l'aménagement urbain (par exemple, on éventrait une rue plusieurs fois sans se soucier des désagréments causés aux riverains). Pourtant, à l'exception de l'agglomération parisienne, aucune ville n'était atteinte du gigantisme qui écrase certaines cités étrangères, telles New York ou Tokyo. Par ailleurs, on constata que le mal des villes frappait davantage les cités moyennes. En effet, les habitants des grandes villes, héritiers d'une longue tradition urbaine, s'accommodaient mieux de leur environnement que la plupart des autres citadins. Cette différence de comportement s'explique par l'urbanisation rapide du pays. La vie urbaine suppose l'adoption de principes communautaires sans lesquels l'existence devient impossible. Il y aura malaise tant que subsistera le cloisonnement entre les activités, les quartiers, les administrations, etc. Il est en effet déraisonnable de compartimenter la vie de la cité comme nous le faisons encore trop souvent.

a. Noms synonymes de «ville» : . . . .

. . . .

. . . .

b. Nom désignant les habitants de la ville : . . . .

. . . .

c. Adjectif qui se rapporte à la ville : . . . .

2. *Essayez d'expliquer les expressions suivantes :*
– des villes satellites : . . . .

. . . .

– des cités-dortoirs : . . . .

. . . .

– le gigantisme des cités : . . . .

. . . .

– compartimenter la vie de la cité . . . .

. . . .

9 | Le bien et le mal

99. Recherche[1]

*Voici deux adjectifs comportant l'élément «bien». Cher-
chez le nom féminin qui correspond au premier, et les deux
noms masculins qui correspondent au second :*

bienveillant $\rightarrow$ nom féminin : *b*. . . . .
bienfaisant $\rightarrow$ nom masculin : *b*. . . . .
nom masculin : *b*. . . . .

100. Devinette

Le nom «bien» vient du latin bene. *Cherchez l'adjectif
commençant par béné- qu'on pourrait substituer aux pointillés dans la phrase suivante :*

Les mesures prises par le gouvernement ont été
béné. . . . . à l'économie.

101. Liaisons

*Reliez chaque mot de la colonne A à la définition de la
colonne B qui lui correspond :*

A	B
● malaisé	● qui est porté à penser du mal des autres et à leur nuire.
● malencontreux	● qui n'est pas facile.
● malfaisant	● qui n'est pas convenable; qui choque.
● malséant	● qui se produit mal à propos.
● malveillant	● qui fait le mal ou qui cherche à le faire.

1. Les corrigés des exercices 99 à 114 sont regroupés à partir de la
p. 145.

102. Emploi

Essayez de combler les pointillés des phrases suivantes par un mot que vous emprunterez à la colonne A de l'exercice 101 :

1. Toutes les sociétés comportent des personnes . . . . : sadiques, vandales, incendiaires, etc.

2. Fêter Noël dans l'opulence serait . . . . en cette période de crise où la pauvreté se développe.

3. L'assainissement de l'économie était une tâche . . . ., car le gouvernement ne maîtrisait pas toutes les données du problème.

4. Cette personne est assurément . . . . : on la sent pleine de préjugés négatifs sur les autres, et elle ne manque pas de médire de son prochain.

5. Ma démarche a été . . . . En effet, le maire ne m'attendait pas, et il n'était pas au courant de l'affaire dont je voulais l'entretenir.

103. Tri

1. Classez les mots suivants selon qu'ils sont ou non de la famille de «mal».
2. Cherchez le sens des mots qui vous seraient inconnus.

maléfice – malaxer – malversation – mâle – malléable – maligne.

Mots de la famille de «mal» : . . . .
Autres mots : . . . .

104. Choix

Choisissez entre les trois adjectifs suivants pour combler les pointillés des phrases ci-dessous :

bénéfique – providentiel – salutaire.

1. Ton intervention a été aussi bonne qu'inattendue. Pour nous, elle fut vraiment . . . .

2. Votre démarche a sauvé la situation. On peut dire qu'elle a été . . . .

3. Dans l'ensemble, ce séjour nous a fait du bien. Il nous a été . . . .

105. Recherche

Cherchez les mots qui conviennent pour combler les pointillés des phrases suivantes :

1. Il faut sauvegarder ces lieux, et pour cela il faut les protéger des *dépr* . . . . que peuvent leur faire subir des vandales.

2. «Un bienfait n'est jamais perdu», dit-on. Mais un *mé* . . . . reste parfois impuni.

3. Le réquisitoire de l'avocat général a paru sévère. Mais compte tenu du jeune âge de l'accusé, le jury s'est montré *cl* . . . .

106. Synonymes et antonymes

Classez les mots ci-dessous selon qu'ils sont des synonymes ou des contraires du mot «honnête» :

probe – déshonnête – intègre – véreux.

107. Vrai ou faux?

Indiquez si les définitions suivantes sont vraies ou fausses. Dans le cas d'une définition fausse, cherchez dans le dictionnaire le véritable sens du mot.

	Vrai	Faux
1. Une personne débonnaire est une personne bienveillante et pacifique.	☐	☐
2. Une chose abjecte est une chose qui inspire le dégoût.	☐	☐
3. Un méfait est une bonne action, profitable à autrui.	☐	☐

4. Des vicissitudes sont des événements, essentiellement malheureux, qui se déroulent dans la vie. ☐ ☐

5. L'adversité est la situation malheureuse où se trouve celui qui essuie des revers. ☐ ☐

6. Une panacée est un remède ou une solution capable de surmonter des revers. ☐ ☐

7. Abuser quelqu'un, c'est se montrer digne de sa confiance. ☐ ☐

108. Emploi

Essayez de combler les pointillés des phrases ci-dessous avec les mots de l'exercice précédent :

1. La dévaluation n'a jamais été une . . . . Elle ne résout pas tous les problèmes d'un pays.

2. Face à l'. . . . ., il faut savoir faire front. Ceux qui gagnent sont ceux qui luttent.

3. Après bien des . . . ., j'ai atteint mon but; mais je ne croyais pas que ce serait aussi long et aussi difficile.

4. On ne dira jamais assez les . . . . de l'alcoolisme. Accidents, maladies, endettements, divorces, font son cortège de misères.

5. On fait pression sur cet homme pour qu'il trahisse un camarade. C'est . . . .

6. Les artifices publicitaires . . . . souvent le consommateur. Celui-ci est déçu de ce qu'il a acheté.

7. Notre maire est enclin à faire confiance aux gens. Il rend service quand il le peut, et il aime que la bonne entente règne dans la commune. C'est un personnage . . . .

109. Huit verbes

Dans les phrases suivantes, remplacez les mots ou groupes de mots en italique par un mot précis que vous choisirez dans cette liste :

exceller – se transcender – favoriser – avilir
contrecarrer – se dégrader – embellir – déparer.

1. A force de lâcheté et de mensonges, cet homme s'est *abaissé*.
   (A force de lâcheté et de mensonges, cet homme s'est ....)

2. Les relations entre ces deux pays *se détériorent* de jour en jour.
   (Les relations entre ces deux pays se.......... de jour en jour.)

3. Ce texte est bon, mais des fautes d'orthographe *lui ôtent malheureusement de sa valeur*.
   (Ce texte est bon, mais des fautes d'orthographe le ....)

4. Ce gouvernement a *aidé* la relance économique.
   (Ce gouvernement a .... la relance économique.)

5. Ce syndicaliste *est très bon pour* mener à bien une négociation.
   (Ce syndicaliste .... à mener à bien une négociation.)

6. Les agissements de ce garçon ont *gêné* mes projets.
   (Les agissements de ce garçon ont .... mes projets.)

7. Cet auteur a *montré l'Histoire plus belle qu'elle ne l'est*.
   (Cet auteur a .... l'Histoire.)

8. Le sport permet parfois à des athlètes de *se dépasser*.
   (Le sport permet parfois à des athlètes de ....)

110. Appréciation

Indiquez si les mots en italique des phrases suivantes sont bien employés. Dans la négative, proposez une solution.

	Bon emploi	Mauvais emploi
1. Les négociations étaient bloquées, quand Gérard est arrivé et a proposé une solution. Du coup, la situation s'est dénouée. On peut dire que cette intervention a été *providentielle*.	☐	☐
2. La *probité* de cet homme ne fait aucun doute. Il a falsifié les comptes de l'association dont il est le trésorier.	☐	☐
3. L'avancement de l'âge de la retraite n'est pas la *panacée* au problème du chômage. Il le réduit un peu, mais n'y remédie pas en profondeur.	☐	☐
4. Une personne âgée a de l'expérience : elle connaît toutes les *vicissitudes* de l'existence.	☐	☐
5. L'initiative de Geneviève a été *malencontreuse*. Chacun l'a appréciée.	☐	☐
6. Au milieu de ces gens en deuil, ta gaieté serait *malséante*.	☐	☐
7. Ces geôliers forçaient leurs prisonniers à aboyer pour avoir un peu de nourriture. C'était *admirable*.	☐	☐
8. Les mesures d'assainissement de la monnaie ont été *salutaires*. Le taux de l'inflation a nettement régressé.	☐	☐

111. Répartition

Répartissez les quatre adjectifs suivants dans les phrases figurant ci-dessous. Ils y remplaceront les mots en italique.

nocif (ve) – dommageable – regrettable – néfaste.

1. L'informatique a sur l'emploi des conséquences positives mais aussi des effets *préjudiciables*.

2. Ce camarade eut sur toi une influence *mauvaise*.

3. Cette usine dégage des fumées *toxiques*.

4. La hausse des tarifs publics aura sur le taux d'inflation une incidence *qu'on peut regretter*.

112. Repérage

Pour chacun des noms suivants, deux définitions vous sont proposées. Soulignez celle qui vous semble la bonne.

1. SADISME   a. goût morbide qu'on éprouve à se faire souffrir;

           b. plaisir malsain et cruel qu'on éprouve à faire souffrir les autres ou à les voir souffrir.

2. SATYRE   a. écrit mordant, où l'auteur attaque généralement les mœurs de son époque;

           b. homme cynique et débauché qui agresse brutalement les femmes.

3. PERVERSITÉ   a. qualité d'une personne très pure et sans défiance;

           b. goût pour le mal; recherche du mal.

113. Repérage

Dans les phrases suivantes, soulignez les mots qui appartiennent au vocabulaire du «mal».

1. Des déprédations ont été commises dans le vestiaire du club.

2. Des inconnus ont saccagé cette nuit les parterres du jardin public.

3. Profitant de la bousculade, des gens ont pillé les magasins restés ouverts.

4. Un acte de vandalisme a été commis dans la poste : le standard téléphonique est inutilisable.

5. Ce genre de film pervertit la jeunesse.

6. Parmi les supporters, il y avait malheureusement de jeunes dévoyés; ce sont eux qui ont déclenché l'incident.

114. Repérage

Lisez le texte suivant, puis soulignez dans le paragraphe 2 les mots appartenant au vocabulaire du «mal», et dans le paragraphe 3 les mots appartenant au vocabulaire du «bien».

Au cours du XIXe siècle, cette ville a connu deux périodes distinctes. Elles sont si contrastées qu'on peut parler d'une période «noire» et d'une période «blanche».

La première a été marquée par un affaiblissement des pouvoirs publics. Il en résulte des méfaits de tous genres : déprédations, actes de vandalisme, agressions dans les rues, malversations de fonctionnaires véreux... Les actes malfaisants étaient quotidiens si bien qu'on avait l'impression qu'un esprit de perversité s'était emparé de la ville.

Dans la seconde moitié du siècle, tout changea. Cela coïncida avec l'élection d'un maire, personnage bienveillant, certes, mais aussi intègre. Il réorganisa les pouvoirs publics et mit à leur tête un homme d'une grande probité. Par ailleurs, il créa une chambre économique qui développa le commerce et contribua à créer des emplois. Cela fut bénéfique à la ville qui retrouva activité et prospérité. On peut dire que l'action de ce maire a été salutaire.

10 L'accord et l'opposition

115. Repérage[1]

Lisez le texte suivant et soulignez les mots, et éventuellement les verbes, qui expriment soit l'accord soit le désaccord. Classez ensuite ces termes en deux séries : accord/désaccord.

L'utilisation de l'énergie nucléaire pour la production d'électricité a donné lieu à de longues controverses entre les partisans du nucléaire et ses opposants. Les partisans fondaient leur thèse sur l'idée suivante : il faut que nous réduisions notre dépendance énergétique à l'égard des pays producteurs de pétrole. En ce domaine, ils bénéficiaient de l'assentiment de grands économistes. Les détracteurs du nucléaire rétorquaient que l'énergie atomique comporte un risque de radioactivité, et réfutaient la thèse économique par le fait qu'il nous fallait acheter de l'uranium. En vérité, l'aversion des écologistes pour l'énergie nucléaire était telle qu'un consensus n'était guère envisageable. En fait, le différend dure depuis dix ans, ce qui n'empêche pas les centrales nucléaires de se multiplier dans le monde.

Mots et éventuellement verbes qui expriment un accord :

. . . .

. . . .

---

1. Les corrigés des exercices 115 à 126 sont regroupés à partir de la p. 148.

Mots et éventuellement verbes qui désignent un désaccord : ....
....
....

116. Préfixes

a. Les préfixes di- *et* dis- *marquent un désaccord. Trouvez les noms qui correspondent aux définitions suivantes :*

Différence dans la manière de juger : *dissen.* ....
Écart entre les opinions : *diver.* ....
Division profonde de sentiments ou de convictions : *dissen.* ....
Manque d'accord, d'harmonie : *disc.* ....

b. Les préfixes con-, cor- *et* co- *indiquent un rapprochement. Trouvez les noms qui correspondent aux définitions suivantes :*

Correspondance, réciprocité entre deux choses : *corr.* ....
Accord réalisé entre des personnes : *cons.* ....
Caractère de ce qui est conciliable avec autre chose : *comp.* ....

117. Acteurs

Prenez connaissance des mots proposés ci-dessous et placez-les à bon escient dans le texte ci-après :

détracteur – médiateur – protagoniste – partisan – antagoniste – consensus.

Le conseil municipal devait choisir entre la construction d'une salle omnisports et celle d'une bibliothèque. Le débat fut enflammé, chacun de ses .... étant convaincu du bien-fondé de son choix. Les .... de la salle de sports réclamaient un lieu décent pour les nombreux sportifs de la commune. D'autre part, ils accusaient leurs adversaires de manœuvres démagogiques. De leur côté, les défenseurs de la bibliothèque reprochaient à leurs .... de manquer d'objectivité, car il existait déjà, disaient-ils, de nombreux équipements sportifs. Ils faisaient aussi remarquer qu'une bibliothèque pouvait intéresser toute la population. Le maire a bien essayé de jouer le rôle de .... entre les ...., mais les oppositions étaient trop vives. Aucun .... n'a été possible.

118. Synonymes

Dans les phrases suivantes, remplacez le groupe de mots en italique par un terme précis. Les premières lettres de ce dernier vous sont données pour vous aider. Si cependant vous ne trouviez pas le mot, vous pourriez le rechercher dans l'encadré proposé à la fin de l'exercice et dont les termes sont imprimés à l'envers.

1. Entre écologistes et naturistes, il y a souvent des *points communs et des goûts semblables*.
   (Il y a souvent des *af..........tés*)

2. De nombreuses personnes déplorent les encombrements de la circulation urbaine. Pourtant, elles se refusent à emprunter les transports en commun et utilisent leur voiture pour le moindre déplacement. C'est là une attitude *contraire au bon sens*.
   (C'est là une attitude *parad..........*)

3. La réunion fut mouvementée. Les points de vue divergents s'y opposaient violemment. Finalement, Philippe a offert *ses services pour concilier les parties* et sortir du conflit.
   (Philippe a offert sa *méd.... .....* pour sortir du conflit.)

4. Ces deux enfants sont très différents de caractère. Il y a entre eux une *impossibilité de s'accorder* qui les empêche de travailler ensemble.

(Il y a entre eux une *inc*.......... qui les empêche de travailler ensemble.

5. Le désaccord était tel entre partisans et adversaires du projet qu'une *division entre clans* s'est opérée au sein du comité.
(Une *sci*.......... s'est opérée.)

6. Georges a pu monter son entreprise quand un ami fortuné *s'est engagé auprès des créanciers pour garantir* le financement de l'affaire.
(Quand un ami fortuné s'est *porté g*.......... pour le financement.)

7. Parce qu'il a commis une faute grave, cet officier a été *dépossédé de ses fonctions*.
(Cet officier a été *des*..........)

8. En adoptant une attitude de fermeté, Jean *s'est mis en accord avec* le règlement de l'association.
(Jean s'est *conf*.......... au règlement.)

---

destituer – scission – médiation – paradoxal – affinités – se porter garant – incompatibilité – se conformer à.

---

119. Familles de mots

1. Dans les phrases suivantes, remplacez les pointillés par un mot de la famille de «conforme» :

a. Paul n'a pas agi arbitrairement. Il a refusé votre motion *c*.......... à l'article 21 du règlement.

b. Marc a modifié la puissance du moteur; c'est pourquoi l'appareil n'est plus en *c*.......... avec l'installation prévue.

c. Luc se plie aisément aux usages du milieu où il se trouve; il y a chez lui un *c*.......... qui lui permet de s'intégrer facilement dans toute société.

2. *Dans les phrases suivantes, remplacez les pointillés par le mot de la famille de «médiation» qui convient :*

a. Brigitte n'osait présenter au directeur son dossier de candidature. Elle l'a fait par l'*int.* . . . . de son chef de service.

b. Afin de régler les différends entre l'administration et les administrés, le gouvernement a nommé un *mé.* . . . .

120. Classer les mots

Classez les mots suivants selon qu'ils expriment un accord ou un désaccord :

assentiment – consensus – aversion – scission – divergence – litige – contentieux – compatibilité – convergence – désaveu – affinités – corrélation.

Mots exprimant un accord : . . . .
. . . .
. . . .
Mots exprimant un désaccord : . . . .
. . . .
. . . .

121. Emploi

Dans les phrases suivantes, remplacez les pointillés par un mot précis. (Chacun d'eux figurait dans l'exercice précédent.)

1. Depuis longtemps, les deux sociétés sont en désaccord sur de nombreux dossiers. Une réunion est prévue pour régler le *cont.* . . . .

2. Les déclarations des deux témoins sont pratiquement analogues. La *conv.* . . . . de ces témoignages va faciliter l'enquête.

3. Bruno prend souvent une attitude de conciliation, car il a une profonde *aver.* . . . . pour les querelles, quelles qu'elles soient.

4. En soutenant un point de vue que dénoncent tous les journalistes, le militant court le risque d'un *dés.* . . . . du public.

5. Tout au long de la conférence, les participants manifestaient leur approbation. Il est vrai que l'orateur avait recherché leur *ass.* . . . . par des allusions précises.

122. Mots dérivés

Cherchez les noms qui sont formés à partir des verbes suivants :

scinder → . . . .   contrarier → . . . .
adhérer (à une opinion, à un parti) → . . . .
concilier → . . . .   destituer → . . . .

123. Synonymes

Proposez un synonyme aux mots en italique :

1. Martine éprouve une véritable *aversion* (une *rép.* . . . .) pour toute manœuvre d'intimidation, quelle qu'elle soit.

2. Pour avoir été impliqué dans des affaires frauduleuses, ce magistrat a été *destitué* (*rév.* . . . .).

3. Ton projet a été approuvé par le conseil municipal qui lui a donné son *accord le plus complet* (son *ass.* . . . .).

4. Malgré les critiques de ses *opposants* (ses *dét.* . . . .), cet homme politique continue à défendre ses idées avec fermeté.

5. Au cours de la session, des *rivalités* (des *antag*. . . . .) sont apparu(e)s entre les différentes tendances du parti.

6. Par sa critique inattendue et acerbe, Luc a *contrarié* (*entr*. . . . .) les desseins de Bernard.

124. Mots contraires

Cherchez un mot qui exprime le sens contraire des mots proposés dans la colonne A :

A		B
convergence	→	div. . . . .
aversion	→	{ atti. . . . .
		{ sym. . . . .
assentiment	→	diss. . . . .
compatible	→	in. . . . .
affinité	→	anti. . . . .
corrélatif	→	{ indép. . . . .
		{ auton. . . . .

125. Emploi

Dans les phrases suivantes, remplacez les pointillés par un mot que vous choisirez dans la colonne B de l'exercice précédent.

1. Gisèle rêve de voyager en Asie. Elle a toujours éprouvé une at. . . . . pour les coutumes orientales.

2. Les deux antagonistes se sont opposés pendant toute la réunion. La . . . . de leurs points de vue a bloqué le débat.

3. Ces deux personnes ne s'aiment pas et se le montrent bien. Leur . . . . est évidente.

4. On ne peut utiliser ensemble ces appareils; leurs systèmes sont . . . .

5. On ne peut absolument pas rapprocher ces deux affaires criminelles. Elles n'ont aucun point commun. Chacune d'elles est . . . .

6. Sur ce dossier, Jean et Bernard réagissent de façon opposée. Leur . . . . est tel qu'ils manquent presque d'objectivité.

126. Définitions

Retrouvez les mots qui correspondent aux définitions suivantes :

1. Correspondance entre deux → *cor. . . . .*
   choses.

2. Attitude qui consiste à se → *conf. . . . .*
   conformer aux usages.

3. Personne qui joue le rôle prin- → *prota. . . . .*
   cipal dans une affaire.

4. Rivalité, lutte entre per- → *antag. . . . .*
   sonnes.

5. Point de vue contraire à l'opi- → *para. . . . .*
   nion générale, à la logique.

6. Désaccord entre des per- → *dif. . . . .*
   sonnes sur un point précis.

7. Accord trouvé entre plusieurs → *cons. . . . .*
   personnes.

8. Intervention destinée à élabo- → *méd. . . . .*
   rer un accord entre partis op-
   posés.

9. Partisan d'une doctrine. → *ade. . . . .*

10. Personne qui critique une → *détr. . . . .*
    autre personne ou une doc-
    trine.

11 | La guerre et la paix

127. Origines[1]

1. En latin, le mot bellum *signifiait « la guerre » et le mot* pugna *« le combat ». A partir de ces deux termes, cherchez les mots qui correspondent aux définitions suivantes :*

a. *bellum* ● Caractérise quelqu'un qui aime la guerre, la dispute : un tempérament *b. . . . . . . .queux.*

● Qui prend part à la guerre : un *b. . . . . .rant.*

● Situation de conflit, de guerre : la *b. . . . . .rance.*

● Qui préconise le retour à la guerre pour régler les litiges internationaux : un gouvernement *b. . . . . .ciste.*

b. *pugna* ● Qui est combatif : *pu. . . . . .ce.*

● Caractère de celui qui soutient une lutte avec combativité : la *pu. . . . . .cité.*

2. Le mot latin pax-pacis *signifiait « la paix ». Cherchez les mots formés à partir de ce terme ; ils correspondent aux définitions suivantes :*

● Rétablir le calme, la paix dans un pays en état de guerre (verbe) : *pac. . . . .*

● D'une manière calme, sans violence (adverbe) : *pac. . . . .*

● Doctrine des partisans de la paix : *p. . . . .*

● Action qui consiste à ramener la paix dans un pays (nom) : *pac. . . . .*

● Personne qui aime la paix et milite en sa faveur (nom) : *pac. . . . .*

● Entente, convention conclue entre deux personnes, deux États, etc. (nom) : *p. . . . .*

1. Les corrigés des exercices 127 à 136 sont regroupés à partir de la p. 151.

128. Façons d'agir

Pour chacune des expressions suivantes, choisissez parmi les expressions proposées celle qui lui est synonyme :

1. Parler sans *aménité*
   - a. sans aisance.
   - b. sans amabilité.
   - c. sans rudesse.

2. Pardonner avec *magnanimité*
   - a. avec grandeur d'âme.
   - b. avec affectation.
   - c. avec réticence.

3. Se battre avec *pugnacité*
   - a. avec générosité.
   - b. avec brutalité.
   - c. avec combativité.

4. Regarder quelqu'un avec *hostilité*
   - a. avec malveillance.
   - b. avec cordialité.
   - c. avec curiosité.

129. Verbes synonymes

Pour chaque verbe en italique, cherchez un synonyme. Si vous ne le trouvez pas, vous pouvez vous aider en consultant l'encadré proposé à la fin de l'exercice et dont les mots sont imprimés à l'envers.

1. Cet écrivain *exècre* (abh. . . . .) tout ce qui est moderne.

2. Des gendarmes barraient la route et nous ordonnaient de nous ranger sur le côté. Il n'y avait rien d'autre à faire qu'à *obéir* (obt. . . . .).

3. Cette guerre tribale a été longue et meurtrière. Des tribus entières ont été *décimées* (ext. . . . .).

4. L'agresseur se fit *lyncher* (écha. . . . .) par la foule.

5. Votre description des faits *concorde* (ca. . . . .) avec la réalité.

écharper -- cadrer -- abhorrer -- obéir -- exterminer.

130. Noms synonymes

Pour chaque nom en italique, cherchez un synonyme. Si vous ne le trouvez pas, vous pouvez consulter l'encadré proposé à la fin de l'exercice et dont les mots sont imprimés à l'envers.

1. Il existe un *litige* (un *cont*. . . . .) entre les deux services.

2. Pour sceller leur alliance, les deux pays ont signé un *pacte* (une *conv*. . . . .) précisant leurs accords mutuels.

3. L'orateur a répondu aux questions avec *aménité* (*affa*. . . . .).

4. En ce qui concerne les denrées alimentaires, il faut s'attendre à des mesures de *blocage* (d'*emb*. . . . .). Le gouvernement veut stopper leur exportation.

---

embargo – contentieux – affabilité – convention.

---

131. Familles de mots

Dans chacune des phrases suivantes, trouvez le mot qui convient pour combler les pointillés. Ce mot appartient à la famille du terme placé en regard de la phrase.

1. S'INSURGER : Dans ce pays, le mécontentement est grand et les foyers d'*ins*. . . . . se multiplient.

2. CONFLIT : Dans cet établissement, les situations *conf*. . . . . sont permanentes.

3. CONCORDE : La rencontre s'est terminée par un communiqué qui traduisait la *conc*. . . . . des points de vue.

4. EXÉCRER : Nos conditions de vie étaient *ex*. . . . .

5. AMÉNITÉ : Luc nous a tenu des propos peu
a. . . . .
6. LITIGE : L'amendement proposé était
l. . . . . Les syndicats ont réagi.

132. Recherche du mot juste

Dans les phrases suivantes, remplacez le mot ou groupe de mots en italique par un autre terme. Les premières lettres de ce dernier vous sont données pour vous aider. Cependant, si vous ne trouviez pas le mot, vous pourriez le rechercher dans l'encadré proposé à la fin de l'exercice et dont les mots sont imprimés à l'envers.

1. Jean a beau *protester et se révolter* contre les mesures d'expropriation, il a peu de chance d'obtenir satisfaction.
   (Jean a beau *s'ins*. . . . . contre les mesures d'expropriation, il a peu de chance d'obtenir satisfaction.)

2. Sylvie a toujours été une équipière récalcitrante. Elle refuse souvent *de se soumettre aux* ordres de son entraîneur.
   (Elle refuse souvent d'*obt*. . . . . aux ordres de son entraîneur.)

3. Ce boxeur devra se méfier. Son adversaire n'a pas oublié sa défaite et il *a le goût de la vengeance.*
   (Il est *vind*. . . . .)

4. Depuis le blocage des salaires, il règne dans l'entreprise une situation *de conflit et de tensions.*
   (Il règne une situation *conf*. . . . .)

5. Dans certains pays africains, la sécheresse a *fait périr une grande partie du* bétail.
   (La sécheresse a *déc*. . . . . le bétail.)

6. Martine a reçu sa rivale avec un air *bienveillant.* Elle ne voulait pas laisser paraître son hostilité.
   (Martine a reçu sa rivale avec un air *débon*. . . . .)

7. Quand une foule se déchaîne, on ne peut plus la contrôler. Elle cherche souvent un bouc émissaire. Il n'est pas rare alors qu'elle s'acharne sur un individu et *exerce sur lui de graves violences.*

(Il n'est pas rare qu'elle s'acharne sur un individu et le *lyn*. . . . .)

8. Les associations de consommateurs ont décidé de *mettre à l'index* les produits comportant un colorant nocif.

(Les associations de consommateurs ont décidé de *boy*. . . . . les produits comportant un colorant nocif.)

9. A force de faire des beignets, j'en suis arrivé à *détester* les odeurs de friture.

(J'en suis arrivé à *exé*. . . . . les odeurs de friture.)

---

obtempérer – s'insurger – vindicatif – exécrer – lyncher – conflictuel – décimer – débonnaire – boycotter.

---

133. Rapprochement de mots

1. Le mot «insurrection» désigne une révolte qui vise à renverser le pouvoir établi ou à s'en emparer en faisant dissidence. Complétez les phrases suivantes avec deux mots qui expriment un fait similaire :

a. En 1861, les provinces du Sud des États-Unis ont fait *séc*. . . . .

b. Quelques officiers ont lancé le mouvement de révolte; la *séd*. . . . . s'est étendue à tout le régiment.

2. Le mot «décimer» signifie «faire périr en grand nombre». Complétez les phrases suivantes avec deux mots qui expriment cette idée :

a. L'idéologie nazie envisageait l'*ext*. . . . . de certaines races.

b. Ce qui n'était jusqu'alors qu'une guerre entre peuplades s'est transformé en un véritable *gén.* . . . .

3. *Le mot «obtempérer» signifie «se soumettre». Complétez les phrases suivantes avec deux mots qui expriment cette même idée :*

a. En 1945, les Alliés ont obtenu la *cap.* . . . . de l'Allemagne nazie.

b. Le traité exigeait la *red.* . . . . de toutes les troupes vaincues.

134. Recherche d'antonymes

Dans les phrases suivantes, cherchez le contraire des mots en italique :

1. Luc a *obtempéré* aux ordres qui lui ont été donnés.
1 bis. Luc a *contr.* . . . . aux ordres qui lui ont été donnés.

2. On peut interpréter cette lettre comme un signe d'*amitié*.
2 bis. On peut interpréter cette lettre comme un signe d'*inim.* . . . .

3. La *concordance* entre les avis est telle qu'il n'y a plus de discussion possible.
3 bis. La *disc.* . . . . entre les avis est telle qu'il n'y a plus de discussion possible.

135. Recherche de synonymes

Dans les phrases suivantes, cherchez un synonyme au mot en italique :.

1. Dans ce pays, les trafiquants de drogue agissent en toute *quiétude*.
(Dans ce pays, les trafiquants de drogue agissent en toute *tr.* . . . .)

2. Vos propos semblaient mous et *trop débonnaires*. Ils ont déçu les militants.
(Vos propos semblaient mous et *bon*. . . . .)

3. Les pourparlers ont abouti à un *consensus*.
(Les pourparlers ont abouti à un *ac*. . . . .)

4. En cas de *litige,* il faut en référer aux Prud'hommes.
(En cas de *désa*. . . . .)

5. Quand il joue, cet enfant se montre souvent *belliqueux*.
(Quand il joue, cet enfant se montre souvent *agr*. . . . .)

136. Appréciation

Lisez chacune des phrases suivantes; portez en regard un $\boxed{C}$ *(correct) si vous estimez que le mot en italique y est bien employé; dans le cas contraire, portez un* $\boxed{I}$ *(incorrect) et proposez un corrigé.*

1. Les autorités ont décidé de *boycotter* les ventes d'armes à l'étranger. Aucun navire ne peut sortir des ports sans contrôle.

2. Yves est facilement rancunier. Ce tempérament *vindicatif* est source de querelles.

3. Cet enfant est très créatif. Son imagination le pousse même à *l'affabilité*.

4. Votre clémence est digne d'un être *magnanime*.

5. Le boxeur attaquait sans relâche. Sa *pugnacité* lui a permis de vaincre aux points.

6. Après de nombreuses discussions, les deux partis ont négocié et ont même *pactisé*.

12 | La vie et la mort

137. Classement

Classez les verbes suivants selon un crescendo, c'est-à-dire selon qu'ils impliquent la présence de plus en plus dense d'éléments ou d'êtres vivants :

pulluler – abonder – foisonner.

138. Dérivation

Cherchez les noms qui sont dérivés des trois verbes cités dans l'exercice précédent :

abonder : a.......... – pulluler : p..........
– foisonner : f..........

139. Rapprochement

Rapprochez certains des verbes suivants de façon à les classer en deux séries. Dans la 1re série, les verbes auront ce sens : «rendre plus vivant, plus fort»; dans la 2e série, les verbes signifieront : «rendre moins vivant, plus faible».

vivifier – tonifier – amoindrir – étioler – affaiblir – revigorer.

Série 1	Série 2
....	....
....	....
....	....

1. Les corrigés des exercices 137 à 151 sont regroupés à partir de la p. 153.

140. Mots croisés[1]

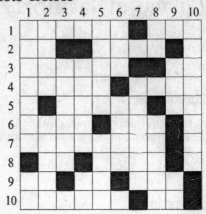

HORIZONTAL

1. Apte à vivre.– Interjection servant à appeler.
2. Terminaison d'infinitif.– Autrefois, on se chauffait et on devisait devant lui.– Consonne.
3. Constitué de façon à résister longtemps à ce qui peut compromettre la santé ou la vie.– Note de musique.
4. Lieu où l'on se met à l'abri d'un danger.– Orifice.
5. Consonne.– Caractérise quelque chose d'essentiel à la vie d'un individu ou d'une société.– Cours préparatoire.
6. Animal de la jungle.– Fleuve africain.– Voyelle.
7. Il valida l'accord.– Consonne.
8. Préposition.– Se risquer à faire quelque chose.– Voyelle.
9. Pronom.– Terminaison de l'indicatif.– Temps écoulé depuis qu'un homme est en vie.
10. État de ce qui commence à diminuer, à régresser.– Forme verbale de «être».

VERTICAL

1. Se dit d'une situation que l'on peut vivre, qui est supportable.– Travaux dirigés.
2. Fleurs qui peuvent être violettes, bleues ou blanches; ou encore partie de l'œil.– Se dit d'une somme perçue alors qu'on n'y avait pas droit.
3. Voyelle.– Qui vit au ralenti, avec de petits moyens.– Consonne.
4. Consonne.– Prénom féminin.– Pronom.
5. Cordon étroit qui sert à attacher des chaussures.– A peine rose.
6. Saison.– Plante cultivée pour ses propriétés aromatiques et médicinales.– Consonne.
7. Consonne.– Renfoncement de la première ligne d'un texte ou d'un paragraphe.
8. Interjection.– Consonne.– Avec un mouvement lent, ample et majestueux.
9. Voyelle.– Titre de noblesse.– Forme verbale de «être».
10. Il réussit; il progresse lentement dans la voie du succès.

141. Emploi

Comblez les pointillés des phrases suivantes par des mots de la famille de « vie ». Ils sont inclus dans les mots croisés figurant ci-dessus.

1. Marc ne supporte rien, s'irrite pour la moindre contrariété, fait des caprices inadmissibles. Il n'est vraiment pas *viv.* . . . .
2. Cette solution n'est pas *vi.* . . . . Avant huit jours, vous vous querellerez si vous l'adoptez.
3. Les commandes se ralentissant sensiblement, cette entreprise *viv.* . . . . Elle n'a plus la moitié de son régime d'activité antérieur.
4. J'ai gardé un souvenir très *viv.* . . . . de cet incident. Je me le rappelle comme si c'était hier.

142. Choix

Complétez chacune des phrases suivantes à l'aide d'un mot approprié. Vous choisirez ce mot parmi les termes vus dans les exercices précédents, ou parmi les dérivés de ces termes :

1. La Renaissance fut un véritable *foi*. . . . . d'idées nouvelles. En littérature, en peinture, en musique, en architecture, les concepts et les genres nouveaux affluèrent.

2. Le retard technologique, le ralentissement du commerce et l'affaiblissement du rayonnement culturel marquent souvent le *dé*. . . . . d'une civilisation.

3. Il est *vi*. . . . . pour cette région qu'elle soit pourvue d'une autoroute. Sans un axe routier qui la relie à la région parisienne et aux grandes zones d'activité économique, cette contrée ne pourra que *vivo*. . . . .

4. Cette contradiction *am*. . . . . ton argumentation. En effet, tu sembles affirmer le contraire de ce que tu as dit par ailleurs. C'est dommage.

5. Dans ce quartier insalubre, les microbes *pul*. . . . . et les maladies sévissent. Dysenteries, dermatoses, hépatites, sont des affections courantes.

6. Le développement des nouvelles technologies, la restructuration de l'industrie, l'assainissement de la monnaie, devraient rendre vos produits plus compétitifs et relancer votre économie. Ainsi, votre pays pourra-t-il recouvrer sa *pr*. . . . . d'antan.

7. L'implantation d'usines nouvelles a *to*. . . . . l'économie de cette région. L'activité commerciale s'en est trouvée stimulée.

8. L'esprit et la mémoire *s'éti*. . . . . dans l'oisiveté. A force de ne plus s'exercer, ces capacités s'amoindrissent.

143. Reconstitution

Dans chacune des phrases suivantes, le mot en italique appartient à un autre énoncé. Replacez chaque mot dans la phrase qui lui convient. (Attention! un adjectif doit se substituer à un autre adjectif, un verbe à un autre verbe, etc.)

1. Cette entreprise *végète*.
   Elle a doublé son chiffre d'affaires en six mois.

2. Quand elle dure trop longtemps, la solitude *tonifie* un vieillard. Il n'a plus le goût d'entreprendre; il ne s'intéresse plus à rien.

3. Le surmenage et la fatigue avaient eu raison de moi. J'étais *prospère*.

4. Les mesures prises par le gouvernement ont de quoi *déliter* l'économie. En effet, elles sont de nature à favoriser la relance et à encourager l'investissement.

5. Le XVIe siècle fut une époque de richesse économique. Le commerce y était *atone*.

6. Voilà un magasin qui *se développe*. Les clients s'y font rares, et les stocks s'amoncellent dans l'entrepôt.

144. Recherche de synonymes

Cherchez un synonyme à chacun des mots ou groupes de mots proposés :

1. Le repas a été | très copieux.
   | *plan.* . . . .

2. L'influence du maire sur la population a un effet | stimulant.
   | *ton.* . . . .

3. Cet élève est encore | faible | en mathémati-
   | *déf.* . . . . | ques.

4. Depuis un an, cette entreprise | décline.
   | pé. . . . .

5. Ce pays | végète
   | st. . . . . | dans un marasme écono-
   | mique. Son déclin s'accen-
   | tue.

6. Ce fruit est | plein
   | gor. . . . . | de vitamines.

145. Exploration

1. Lisez les mots ci-dessous et relevez deux synonymes de «la mort» :

l'agonie – les obsèques – le décès – l'inhumation – le trépas – l'incinération.

2. Lisez les mots ci-dessous et relevez deux synonymes du mot «un mort» :

un maure – un moribond – un défunt – un gisant – un linceul – un trépassé.

146. Liaison

Reliez chaque mot de la colonne A à la définition qui lui correspond dans la colonne B :

A	B
• Morbide	• Qui concerne les funérailles ; ou qui exprime un sentiment de grande tristesse.
• Funeste	• Personne près de mourir.
• Moribond	• Se dit de mentalités, de penchants ou de textes qui semblent malsains car ils sont empreints du goût de la mort.
• Funèbre	• Qui apporte avec soi le malheur ou la mort.

147. Recherche

Les mots en italique dans les phrases ci-dessous figurent dans les exercices précédents. Trouvez à chacun d'eux un synonyme :

1. Quand le SAMU est arrivé, le blessé était déjà *moribond* (ag. . . . .).

2. La Loreley fut un personnage *funeste* (fa. . . . .), puisque sa beauté entraînait la mort des hommes qui l'aimaient.

3. Au bal costumé, Yves s'est déguisé en fantôme. Je n'en suis pas étonné; il a des goûts *morbides* (ma. . . . .).

4. Au Moyen-Age, dans certaines villes, des gens parcouraient les ruelles la nuit en priant pour les *morts* (les tr. . . . .).

148. Appréciation

Le mot «morgue» peut avoir deux sens. Relevez les phrases dans lesquelles il est employé correctement.

1. Le blessé a été conduit | au bloc chirurgical.
   | à la morgue.

2. Les dépouilles des victimes de l'accident ont été conduites | au service des soins intensifs | de l'hôpital
   | à la morgue | le plus proche.

3. Orgueilleux comme il l'est, Guy a répondu avec
   | morgue | à la question qui lui était posée.
   | modestie |

4. Dans la victoire, le champion sut rester modeste. Il répondit avec | simplicité | aux questions qui lui
   | morgue | étaient posées.

149. Repérage

Parmi les mots suivants, relevez ceux qui impliquent qu'on donne la mort à quelqu'un :

décès – exécution – trépas – euthanasie.

150. Connexion

Le suffixe « -cide » signifie « qui donne la mort ». Indiquez pour chacun des mots suivants le personnage à qui la mort est donnée :

Un homicide : . . . .   Un parricide : . . . .
Un infanticide : . . . .   Un régicide : . . . .
Un génocide : . . . .

151. Emploi

Comblez les pointillés des phrases suivantes par un mot. Il appartient au vocabulaire que vous avez vu précédemment.

1. Cet automobiliste a causé un accident mortel. Il sera poursuivi pour *ho*. . . . . par imprudence.

2. A-t-on le droit d'abréger les souffrances d'une maladie incurable en provoquant la mort? C'est tout le problème de l'*eu*. . . . .

3. Le dédain de cet homme est détestable. La *mor*. . . . . avec laquelle il parle à ses subordonnés est parfois odieuse.

4. Ce texte m'a mis mal à l'aise. On y sent un goût maladif pour la mort. Cette *morb*. . . . . évidente ne me plaît pas.

5. L'amour de Pyrrhus pour Andromaque aura été *f*. . . . ., puisqu'il entraîna la mort du souverain.

6. La ville de Dreux abrite la chapelle des rois de France. Des statues de marbre représentent ces derniers sur leur lit mortuaire. La présence de ces *gi*. . . . . est impressionnante.

13 | Le plus et le moins

152. Classer les mots[1]

Classez les mots suivants selon qu'ils désignent une intensité ou une quantité :

paroxysme – profusion – acuité – exacerbation
pléthore – abondance.

153. Employer les mots

Complétez les phrases suivantes en choisissant celui qui convient parmi les mots précédents :

1. Jean a peu de chance d'obtenir ce poste, car il y a
.... de candidats.

2. Le conflit a atteint son .... lorsque certaines personnes ont accusé leurs adversaires de collusion avec les autorités politiques.

3. Quand les propos de l'orateur sont devenus graves, l'attention du public a crû. Les gens écoutaient avec une grande ....

4. Ces mesures sont ressenties comme des humiliations. Si elles sont maintenues, on peut redouter l'explosion sociale. A force de brimades, les gens vont parvenir à l'..........

154. Exprimer une insuffisance

1. Cherchez les mots qui correspondent aux définitions suivantes :

– Diminution d'un produit sur le marché, si bien qu'il est difficile à trouver : La *rar..........* des endives en été.

1. Les corrigés des exercices 152 à 164 sont regroupés à partir de la p. 157.

- Situation créée par le fait qu'on n'assume pas ses obligations, soit par incompétence, soit par insuffisance de l'action : La *car*.......... de l'autorité judiciaire.
- Manque quasi total d'une chose ou d'un élément nécessaire : En raison de la sécheresse, on risque d'avoir une *pén*.......... de fourrage.

2. Complétez les phrases suivantes en choisissant parmi les mots précédents celui qui convient :
- En cas de .... de céréales, le gouvernement prendrait des mesures de restriction.
- La .... de l'oxygène en très haute altitude oblige les pilotes à porter un masque.
- Les journaux sont unanimes à dénoncer la .... des services de secours en cas d'urgence.

155. Décrire des attitudes

Dans les phrases suivantes, remplacez les mots en italique par un mot ou par une expression synonyme :

1. Ton *emballement* pour les gadgets est ridicule.
   (Ton *eng*..........)

2. *La diminution de l'intérêt que porte le public à ce sport* s'accentue.
   (La *dés*.......... du public pour ce sport s'accentue.)

3. Le budget de la commune est en déficit. C'est pourquoi les subventions seront accordées cette année *de façon très limitée*.
   (Avec *par*..........)

4. Jean a tenu des propos *excessifs, voire démesurés*.
   (Des propos *out*..........)

156. Chercher des mots contraires

Cherchez un mot contraire à ceux qui sont en italique :

1. Cette mesure suscita un *engouement* général.
   (Un *désen.* . . . . *général*)
2. La *désaffection* de ce peuple pour la démocratie directe est profonde.
   (L'*atta.* . . . .)
3. A cette époque, l'État distribua des subsides avec *parcimonie*.
   (Avec *prod.* . . . .)
4. Votre intervention a été *efficace*.
   (Une intervention *ino.* . . . . ou *inef.* . . . .)

157. Chercher des dérivés

Cherchez le mot qui convient pour combler les pointillés de chacune des phrases suivantes. Ce terme appartient à la famille du mot placé en regard des phrases.

1. RARÉFACTION
   a. Le béton envahit toute la cité; les espaces verts se *r.* . . . .
   b. La *r.* . . . . des cerises sur le marché fait de ces fruits un produit cher.

2. PLÉTHORE
   J'ai amassé une documentation *pl.* . . . . sur l'hindouisme.

3. PROFUSION
   a. A Noël, une lumière *pr.* . . . . envahit les magasins du centre ville.
   b. La foule s'agglutinait *pr.* . . . . autour du podium.

4. RÉSORBER
   Certains experts pensent que la *r.* . . . . de l'inflation sera lente.

5. PARCIMONIE
   a. On a procédé à une distribution *p.* . . . . de raticide.
   b. Les friandises ont été distribuées si *p.* . . . . que tous les enfants ont été déçus.

158. Établir des liaisons

Reliez chaque mot de la colonne A à la définition de la colonne B qui lui correspond :

A	B
● Notoire	● Aller plus loin qu'il n'est permis.
● Irrépressible	● Qui est connu par un grand nombre de personnes.
● Piètre	● Réduire l'importance de quelque chose.
● Outrepasser	● Qu'il est impossible de contenir, de réprimer.
● Minimiser	● Qui est très médiocre.

159. Employer les mots

Comblez les pointillés des phrases suivantes par un mot approprié. Vous le choisirez parmi les mots présentés dans l'exercice précédent.

1. Cet individu a été arrêté plusieurs fois pour des délits qui ont défrayé la chronique. C'est un escroc . . . .

2. Nos adversaires admettent difficilement leur défaite. C'est pourquoi ils essaient de . . . . notre victoire.

3. M. Stern n'était pas habilité à signer cette convention. En le faisant, il a . . . . ses droits.

4. Notre fou rire était . . . . Malgré tous nos efforts, nous ne pouvions pas le contenir.

5. Le conférencier bégaya, confondit les citations, se perdit dans ses notes. Bref, il fournit une bien . . . . prestation.

160. Chercher des synonymes

Dans les phrases suivantes, cherchez un synonyme à chacun des mots en italique :

1. Le Ministre sera amené à prendre des mesures pour pallier les *carences* (défi. . . . .) des autorités préfectorales.

2. Jacques s'est montré *outrancier* (immo. . . . .) dans ses propos.

3. Il est *notoire* (mani. . . . .; évi. . . . .) que les alliances électorales joueront en faveur du candidat.

4. Dès l'adolescence, le jeune explorateur avait ressenti l'envie *irrépressible* (incoe. . . . .) de partir à la découverte de l'Amazonie.

5. Les pièces de la collection présentée sont très inégales : certains objets sont de grande valeur, d'autres au contraire sont d'une *piètre* valeur. (D'une valeur déri. . . . .)

6. Myriam *décuple* (int. . . . .; mul. . . . .) ses efforts pour parvenir au but.

161. Apprécier

Indiquez si les mots en italique des phrases suivantes sont bien employés. Dans l'affirmative, portez en regard la lettre $\boxed{C}$ *(correct); dans la négative, portez un* $\boxed{I}$ *(incorrect) et proposez un corrigé.*

1. Le médiateur a réglé le différend en trouvant un compromis acceptable par les deux partis. Ainsi, le conflit en est arrivé à son *paroxysme*. ☐

2. Marc se passionne pour le tennis. Son *engouement* est tel qu'il en délaisse même les sorties avec les camarades. ☐

3. fabuleux. Elle peut désormais entrevoir une *résorption* de son déficit. ☐

4. Ce club a des supporters zélés. On explique cette *désaffection* du public par les bons résultats de l'équipe.

☐

5. J'avais pris rendez-vous avec le maire. Mais lorsque je me suis rendu à l'hôtel de ville, je n'ai pu le rencontrer. Ce qui a *exacerbé* mon mécontentement, c'est que son adjoint n'a même pas voulu me recevoir.

☐

6. La municipalité fait un effort très important en faveur des personnes âgées. Chaque année, pour les fêtes de fin d'année, elle distribue *parcimonieusement* des colis de friandises.

☐

7. Le plan de redressement prévu par la direction semble *inopérant* : il permet de relancer l'activité de l'entreprise.

☐

162. Répartir

Dans les phrases suivantes, remplacez chacune des expressions en italique par l'un des verbes proposés ci-dessous :

majorer – décupler – s'amplifier – s'intensifier – valoriser.

1. Le mouvement de grève *prend de plus en plus d'ampleur.*

2. La vague de mécontentement *devient de plus en plus forte* : c'est maintenant toute l'industrie automobile qui est touchée, et la colère monte dans les ateliers.

3. L'éclat de rire de Vincent a *fortement augmenté* la colère de François.

4. Cet industriel est condamné à une amende pour avoir *augmenté* ses prix au-delà du pourcentage autorisé.

5. La proximité de l'autoroute va *augmenter la valeur des* terrains limitrophes.

163. Substituer

Dans les phrases suivantes, remplacez chacun des mots ou groupes de mots en italique par l'un des verbes proposés ci-dessous :

minimiser – restreindre – amoindrir – appauvrir – se raréfier – résorber.

1. Les autorités de ce pays contraignent les automobilistes à *réduire* leur consommation d'essence.

2. Ne cherchez pas à *réduire l'importance de* cet incident. Ses conséquences seront désastreuses.

3. Ce médicament a un inconvénient : il *diminue* les réflexes.

4. Le gouvernement envisage des mesures importantes pour *faire disparaître* le chômage.

5. La télématique risque de *diminuer la qualité de* la communication.

6. Les océanologues alertent l'opinion publique, car certaines espèces de cétacés *deviennent de plus en plus rares.*

164. Chercher des noms

Cherchez le nom correspondant à chacun des verbes suivants :

Restreindre : La r. . . . . des crédits.
Appauvrir : L'ap. . . . . d'une région.
Résorber : La r. . . . . du chômage.
Amoindrir : L'a. . . . . du pouvoir.
Raréfier : La r. . . . . des grandes épidémies.
Majorer : La m. . . . . de l'impôt.
Amplifier : L'a. . . . . du phénomène.

Corrigés

| 1 | ENFANCE – JEUNESSE – ÉDUCATION |

1. Définitions

1. a. enfanter. b. enfantin(e). c. enfantillages.
2. enfantement.

2. Recherche

1. Le mot *infatué* n'appartient pas à la famille du nom «enfant». «Être infatué de soi-même» signifie : être prétentieux, avoir une opinion très exagérée de sa valeur personnelle.
2. a. *Infanticide* : meurtre d'un enfant.
   b. *Infatué* : cf. 1. ci-dessus.
   c. *Infantile* :
   – Qui est relatif à un enfant. Ex. : *La rougeole est une maladie infantile*.
   – Qui a le niveau intellectuel ou les réactions affectives d'un enfant. Ex. : *Avoir un comportement infantile*.

3. Repérage

1. Le mot *jeûne* n'appartient pas à la famille de «jeunesse». Il a le sens suivant : privation volontaire de nourriture. Ex. : *Quand j'ai une crise de foie, je pratique le jeûne pendant deux jours.*
   L'expression «être à jeun» appartient à la famille de «jeûne».
2. Le mot *jeune* peut être à la fois employé comme nom et comme adjectif. Ex. : *Ce groupe de jeunes discutent sur la place. Guy est bien jeune pour prendre cette responsabilité.*
3. *Juvénile* : Se dit des qualités propres à la jeunesse. Ex. : *une grâce juvénile – une ardeur juvénile – la candeur juvénile.*

Jouvence : Nymphe transformée en fontaine par Zeus.

Les eaux de cette fontaine avaient la propriété de rajeunir ceux qui s'y baignaient; d'où l'expression «prendre un bain de jouvence», c'est-à-dire : rajeunir, ou à tout le moins se trouver au contact d'une ambiance très jeune.

4. Recherche

Mots de la famille de *éducation* : éduquer – rééduquer – éducateur – éducatrice – éducatif – éducative – éducable – rééducation.
- Mots de la famille d'*instruction* : instruire – instructif – instruit – instructeur.

5. Substitutions

1. Ce jeune pilote est *inexpérimenté*.
2. Mais quand on est jeune, on est particulièrement *vulnérable*.
3. On est *insatiable*.
4. Il faut être *mûri* par l'expérience pour comprendre certaines situations.
5. Ce jeune homme a un caractère *malléable*.
6. La jeunesse est parfois *velléitaire*.
7. Pierre a agi de façon *irréfléchie*. (On pourrait encore dire : «de façon impulsive».)
8. A 16 ans, qui n'est pas *idéaliste*?!
9. Jean-Philippe exerçait auprès de moi une présence *tutélaire*.
10. «Avoir 18 ans et n'être pas *téméraire* n'est pas souhaitable», déclarait le conférencier.

6. Connexions

a → 5 : s'engouer de
b → 3 : prodiguer
c → 6 : inculquer
d → 8 : s'affirmer
e → 7 : s'identifier à
f → 2 : aspirer à.
g → 1 : thésauriser
h → 4 : modérer

7. Travail sur des familles de mots

1. La *malléabilité* de la pâte à modeler est très grande.

2. C'est dire qu'il n'est encore qu'au stade *expérimental*.
3. Vous avez mangé et bu à *satiété*.
4. On est *prodigue* de ses efforts.
5. Il faut attendre que les choses évoluent et viennent à *maturation*.
6. La jeunesse n'aime guère être placée en *tutelle*.
7. On ne peut lui reprocher que son *irréflexion*.

8. Recherche d'adjectifs synonymes

1. Le clown adopte un comportement *puéril* ou *infantile*.
2. Tu te lances dans une entreprise bien *risquée* ou *aventureuse*.
3. Pierre a eu une réaction *impulsive* ou *spontanée*.
4. Ce garçon nous agace, car il est *prétentieux* ou *fat*. (On pourrait encore dire *vaniteux*.)

9. Recherche de noms synonymes

1. En mécanique auto, je suis un *néophyte* ou un *novice*.
2. Dans cette affaire, Marc a fait preuve d'*illogisme* ou d'*inconséquence*[1].
3. Son *engouement* ou son *enthousiasme* pour le squash ne m'étonne pas.
4. Ce sont des *puérilités* ou des *gamineries* qui ne méritent pas qu'on s'y attarde.

10. Manipulation de paronymes

1. a. Cet enfant est bien élevé; on lui a *inculqué* de bons principes. (C'est-à-dire : on a fait pénétrer ces principes dans son esprit de façon durable et profonde.)
b. Cet homme a été *inculpé* d'homicide par imprudence. (C'est-à-dire : on l'en a accusé officiellement.)
c. Si tu veux obtenir un délai pour payer tes impôts, tu dois en faire la demande au *percepteur*.
d. Cet adolescent n'était jamais allé en classe. Il avait été instruit à domicile par un *précepteur*.
2. Le mot *précepteur* a sa place au sein du thème l'éducation, car il désigne un enseignant chargé de faire à domicile l'éducation et l'instruction d'un

---

1. On croit à tort que le mot «conséquent» signifie «important». C'est un contresens. La véritable signification du mot est «logique». Ex. : *Quand on est conséquent avec ses principes, on les met en pratique dans sa vie.*

enfant. Celui-ci appartient alors à une famille noble ou très fortunée.

11. Recherche d'antonymes

1. Le problème que j'ai eu à résoudre était *ardu* ou *compliqué* (ou encore : *complexe*).
2. Ce garçon est *modeste* (ou encore : *humble*).
3. Jacques a un tempérament *peureux* ou *craintif* (ou encore : *pusillanime,* voire *couard*).
4. Dominique est *avare* ou *économe* de son temps.

12. Appréciation

1. Correcte.
2. Correcte.
3. Incorrecte : Un *précepteur* étant le professeur particulier d'un enfant ne peut s'adresser à une classe. Dans la phrase 3, il faut dire : «Le *professeur* s'adressa à l'ensemble de la classe...»
4. Incorrecte : «Cette dame s'efforce d'*inculquer* à ses enfants de bons principes.»
5. Correcte.
6. Incorrecte : Si Thomas était *vulnérable,* il serait au contraire à la merci du moindre choc. Or, il est dit qu'on s'interroge sur ce qui pourrait bien le toucher. Il faut donc dire qu'il est *invulnérable.*
7. Correcte.
8. Incorrecte : La *maturité* est une sûreté de jugement, qui vient avec l'âge, à force d'expérience. On ne saurait donc appliquer ce mot à des graines, et l'on parlera pour elles de *maturation.*
9. Incorrecte : Si les adultes «voient les choses comme elles sont», ils ne sont pas des *idéalistes.* On dira qu'ils sont *réalistes.*
10. Correcte.
11. Incorrecte : Un *néophyte* est un *débutant.* Si cet homme a quinze ans d'ancienneté dans le club, il est un *vétéran* du club.
12. Incorrecte : Si Yves ne pratique pas l'activité dont il est question dans la phrase et ne cherche pas à y être initié, c'est qu'elle ne l'intéresse pas. On dira donc qu'il manifeste du *désintérêt* ou de l'*indifférence* à son égard.

13. Relevé

Mots de la famille de «liberté» : Libertaire – Libertin – Libéralités – Libérales – Libéralisme.

14. Connexions

1. Qui est favorable au respect des opinions et des libertés individuelles : *libéral(e)*.
2. Dons faits avec grande largesse : *libéralités*.
3. Qui n'admet aucune limite à la liberté, surtout en matière politique : un *libertaire*.
4. Système qui laisse aux entreprises une totale liberté économique : le *libéralisme*.
5. Qui est déréglé dans ses mœurs et dans sa conduite, et s'adonne sans retenue aux plaisirs charnels : un *libertin*.

15. Recherche

1. Les médecins, les vétérinaires [...] exercent une profession *libérale*.
2. Un soldat est *libérable* à une date précise.
3. L'aveu d'une faute peut être *libérateur*.

16. Détection

1. Mot qui n'appartient pas à la famille de «dépendance» : Dépens.
2. Ce mot appartient à la famille de «dépenser»; il peut s'employer avec trois sens différents :
   – Pierre vit à mes dépens (c'est-à-dire : à ma charge).
   – Mes collègues ont pris cette décision à mes dépens (c'est-à-dire : à mon détriment, à mon désavantage).
   – Monsieur Thors a été condamné aux dépens (c'est-à-dire : à payer les frais de l'action judiciaire dans laquelle il est impliqué).
   Dépendances : le château est en ruine. Seules les *dépendances* ont été restaurées.

17. Choix de mots précis

1. Nous sommes soumis chaque jour au *conditionnement* de la publicité.
2. Cette décision est *arbitraire*.
3. Dans notre club, le président a un pouvoir *discrétionnaire*.
4. Elle est *à la discrétion* de ses créanciers.
5. Certaines personnes *aliènent* leur liberté en adhérant à des sectes.
6. Il lui est difficile à présent de *s'émanciper*.
7. Pour s'y *soustraire,* il s'est enfui à l'étranger.
8. Le pays créancier *asservit* l'autre.
9. Quand on est *tributaire de* quelqu'un, on perd sa liberté.
10. Ne sois pas aussi *tyrannique* à l'égard de ton camarade.
11. Cette *claustration* l'avait beaucoup marqué.
12. L'éducation devrait préparer chaque adolescent à devenir un citoyen *autonome*.

18. Choix de dérivés

1. La liberté est *inaliénable*.
2. Sa confiance est *inconditionnelle*.
3. Il a vraiment agi *arbitrairement*.
4. Un rire *libérateur* détendit l'auditoire.
5. Je l'ai appris à mes *dépens*.
6. Je souffre de *claustrophobie*.
7. On assiste à un véritable *asservissement* des gens à la mode.

19. Formulation de définitions

1. *S'aliéner quelqu'un :* agir de telle sorte que cette personne nous devienne hostile (définition b.).
2. Disposer de quelque chose *à discrétion :* à volonté; autant qu'on le désire (définition a.).
3. *Libéraliser* un régime politique : le rendre plus libéral, c'est-à-dire tolérer et respecter davantage les opinions et libertés des individus (définition b.).

20. Recherche de synonymes

1. C'est un réel *assujettissement*. C'est une réelle *servitude*.

2. C'est un véritable *diktat*. C'est un véritable *oukase* ou *ukase*.
3. Pour *se libérer de* cet État... Pour *s'affranchir de* l'emprise de cet État.
4. Quand on est sous *le joug* ou sous *l'emprise* d'une passion...
5. Cette société de *dévergondage* ou de *débauche* va à sa perte.
6. Ils ont été trop longtemps *privés* ou *sevrés* de loisirs.

21. Recherche d'antonymes

1. Dans un régime *totalitaire,* on ne respecte pas les opinions politiques de chacun.
2. C'est une véritable *émancipation* (ou *libération*).
3. Je pense, par exemple, à François qui a donné avec *parcimonie*.
4. Les chefs d'établissement ont un pouvoir *limité* (ou *restreint*).
5. J'étais réellement *comblé(e)*.
6. Un État *dépendant* ne décide pas librement de sa politique.
7. A l'évidence, cet homme *fait face* à ses obligations.

22. Appréciation

1. Correcte : Un *libertaire* est un personnage qui ne respecte aucune loi, c'est une sorte d'anarchiste.
2. Correcte : Une liberté *inaliénable* est une liberté qu'on ne peut restreindre en rien.
3. Incorrecte : L'angoisse qu'on éprouve à être enfermé quelque part s'appelle la *claustrophobie*. L'*agoraphobie* est l'angoisse qu'on éprouve à se trouver dans de vastes lieux ou au sein d'une foule.
4. Correcte : Une décision *arbitraire* est une décision imposée aux autres par le seul effet du bon plaisir de quelqu'un. Elle ne repose ni sur une concertation préalable, ni sur un motif valable, or le texte dit qu'il y a eu «consultation».
5. Correcte : On est *tributaire* de quelqu'un quand on dépend de lui pour certain(s) aspect(s) de la vie.
6. Incorrecte : Être *autonome,* c'est savoir se débrouiller seul ; c'est vivre par ses propres moyens, sans l'aide des autres. Ce n'est pas le cas de la personne âgée dont il

est question dans cette phrase. Il faut donc dire qu'elle est *dépendante*.

7. Correcte : *S'aliéner* quelqu'un, c'est l'indisposer contre soi, l'irriter.

8. Correcte : Être un partisan *inconditionnel* de quelqu'un, c'est ne mettre ni conditions, ni limites à la confiance qu'on lui accorde. C'est suivre aveuglément un homme ou une cause, quelles que soient les circonstances.

9. Correcte : *Sevré* signifie «privé».

10. Correcte : *Être à la discrétion de...* signifie «être à la merci de...» c'est-à-dire : être livré au bon vouloir de quelqu'un. C'est le cas d'une usine très endettée à l'égard de ses créanciers.

11. Incorrecte : *A ses dépens* signifie «au détriment»; or il est dit que «Marc est bénéficiaire dans cette affaire». On dira donc que celle-ci a tourné *à son avantage*.

12. Incorrecte : Si le pays dont il est question prend ses décisions en toute *souveraineté*, c'est qu'il est libre. On parlera donc de sa *liberté* ou de son *indépendance* à l'égard des États voisins.

23. Inventaire des mots d'un thème

Thème de la liberté
Liberté – S'émanciper – Libéralisme
Thème de la dépendance
Totalitaire – Oukases – Contrôler – Assujettis – Emprise – Frustrés – Claustrophobie – Subordonnée à – Joug – Asservir.

---

3 | SOI ET LES AUTRES

24. Exploration d'une famille de mots

1. Le mot *altier* n'est pas de la famille de «autre». Il vient du latin *altus :* haut (cf. *altitude*).

2. Il ne faut pas convoiter le bien d'*autrui*.

3. Alter ego.

4. Altruisme.

25. Bon usage d'un mot

1. C'est la phrase n° 1 qui emploie correctement le mot «alternative» (= situation dans laquelle il n'est que deux solutions possibles).
2. *Dilemme :* alternative contenant deux propositions contraires ou contradictoires et entre lesquelles on doit choisir.

26. Recherche de locutions

1. Il faut savoir *prendre sur soi* pour ne pas se fâcher.
2. Cela *va de soi*.
3. Ce système n'est pas mauvais *en soi*.
4. Certains auteurs, *soi-disant* philosophes de notre civilisation, abusent parfois le public.

27. Autre façon de parler de «soi»

1. Le président a fait son *autocritique*.
2. Mon grand-père possédait une lettre *autographe* de Victor Hugo.
3. Il fabrique des *automates*.
4. Cet homme est un *autodidacte*.
5. Les *autochtones* de cette région parlent une langue dérivée du chinois.

28. De «soi» à «moi»

Égocentrisme : Définition b. Tendance d'une personne à tout rapporter à elle-même.
Égoïsme : Définition a. Attachement excessif à soi-même.

29. Recherche de synonymes

1. prochain
2. dévouement
3. détérioré
4. indigènes
5. réflexes
6. souveraineté

30. Recherche d'antonymes

1. Guy a fait preuve d'*égoïsme*.
2. L'*intégrité* des tissus était nette.
3. Notre club sera *continuellement* présidé par M. Dupuis.
4. La *continuité* a l'avantage de ne pas perturber la vie du pays.

31. Choix de mots précis

1. Les jeunes ont parfois besoin de *se singulariser* pour s'affirmer.
2. Mais il ne faut tout de même pas *généraliser*.
3. Les syndicats ont adopté une démarche *unitaire*.
4. Cet homme *personnifie* la dignité nationale.
5. Jacques est vraiment *insociable* (ou *invivable*).
6. Nous avons été *unanimes* à voter la réélection de Xavier.
7. Un homme public n'a pas la même vision des choses qu'un *particulier*.
8. L'équilibre de la balance commerciale est un souci *commun* à tous les États.
9. Les *individualités* ne tardent pas à s'y révéler.
10. L'action municipale profite forcément à la *collectivité*.
11. Si l'on veut surmonter cet obstacle, il faut se *solidariser*.
12. Elle ne permet plus de *personnaliser* le travail.
13. Ma *génération* fait confiance à l'avenir.

32. Recherche du sens des mots

1. *Communément :* généralement, habituellement.
2. *Commun :* peu distingué, quelconque.
3. *Peu commun :* exceptionnel, rare.
4. *Le commun des mortels :* la majorité des gens.
5. *Généralité :* opinion d'un caractère très général, donc banal.
6. *Particulier à :* propre à.
7. *Particularité :* caractéristique.
8. *Particulier :* spécial.
9. *Singulier :* étrange, bizarre, étonnant.

33. Détections

1. *Un individualiste :* Réponse a.
   Les réponses b. et c. correspondent à deux sens possibles du mot «individu» :
   b. Ex. : *Il ne faut pas sacrifier l'individu à l'espèce.*
   c. Ex. : *Je n'ai rien à dire à cet individu. C'est un lâche.*
2. *Une commune :* Réponse b.
   Réponse a. : *une communauté.*

Réponse c. : *les communs.*
Ex. : *Le château est délabré. Seuls, les communs sont habitables.*
3. *La personnification :* Réponse c.
Réponse a. : *une personnalité.*
Réponse b. : *la personnalisation.*
Ex. : *La personnalisation de cet objet rend impossible sa standardisation : l'artisan a vraiment été trop original.*
4. *Le collectivisme :* Réponse b.
Réponse a. : *collectivité.*
Réponse c. : *collectif.*

34. Appréciation

1. Correcte : *Individualiser,* c'est rendre individuel en adaptant à chaque individu ce qui le concerne.
2. Incorrecte : *Se singulariser,* c'est adopter une attitude différente de celle des autres. Le terme qui convient ici, c'est *se fondre dans* la masse des autres.
3. Correcte : Les *autochtones* sont les natifs du pays.
4. Correcte : Un homme *intègre* est un homme d'une honnêteté totale.
5. Correcte : Un *autodidacte* est un homme qui se forme et s'instruit seul.
6. Correcte : L'*alternance* correspond à la succession de régimes politiques différents.
7. Incorrecte : Penser aux autres avant soi-même, c'est faire preuve d'*altruisme.*
8. Incorrecte : Il s'agit ici de produits *standardisés.*
9. Incorrecte : On dirait : un aspect *singulier.*
10. Incorrecte : Il s'agit, en fait, d'une opinion *rarement* admise.
11. Correcte : Une alternative comporte effectivement deux solutions entre lesquelles il faut choisir
12. Correcte : *Personnifier* signifie «représenter», «incarner» quelque chose sous les traits d'une personne.
13. Correcte : Une *collectivité locale* représente ici une circonscription administrative regroupant un ensemble de personnes.

35. Rapprochements

– *Probe :* intègre – *Se particulariser :* se singulariser.
– *Incarner :* personnifier.

36. Mots clés du thème

– Le *dénuement* est l'état de celui qui est dépourvu du nécessaire. Ce mot est donc associé à son contraire : l'*opulence,* qui désigne l'état où se trouve celui qui dispose d'une grande abondance de biens.
– Le mot *richissime* caractérise une personne très fortunée. Ce mot s'oppose à *indigent,* qui désigne une personne extrêmement pauvre.
– Être *nanti* de quelque chose, c'est en être pourvu. Ce mot s'oppose à *démuni,* qui signifie être dépourvu. Ex. : *Voilà des gens bien nantis. Voilà des gens qui sont démunis de tout.*
Remarque : Le mot *nanti* peut s'employer comme nom. Ex. : *Ces gens ne sont pas à plaindre. Ce sont des nantis.*

37. Synonymes

1. – Le mot *avoir* est celui qui convient, puisqu'il désigne quelque chose qu'on possède. Ex. : *Cet homme dilapide son avoir.*
   – Un *don* est un cadeau, un présent que nous fait quelqu'un.
   – Un *legs* est quelque chose que nous donne quelqu'un par héritage. Ex. : *Pierre a hérité de sa tante. Le legs est très important.* Le verbe correspondant à *legs* est *léguer.*
2. – Le mot *indigence* est synonyme de «pauvreté».
   – La *modicité* désigne la petitesse, le caractère peu élevé d'une somme. Ex. : *La modicité de votre don m'a déçu.*
   – La *parcimonie* désigne une petite quantité. Ex. : *On nous a distribué des stylos et des crayons avec parcimonie* (c'est-à-dire en donnant très peu de ces articles à chacun). Adjectif correspondant : *parcimonieux.* Ex. : *Jacques s'est montré parcimonieux dans l'attribution des subventions.*
3. – Le mot *appointements* est synonyme de «salaire». Il s'emploie toujours au pluriel. Ex. : *Vos appointements seront de 5 000 F par mois.*
   – Une *aumône* est un don.

– Le mot *arrhes* désigne une somme d'argent qu'on verse pour retenir une location ou prendre une option sur l'achat d'un objet. Ex. : *J'ai loué cette villa pour le mois d'août. J'ai envoyé au propriétaire 2 000 F d'arrhes en janvier.*

38. Familles de mots

1. – *Verbe :* acquérir.
   – *Nom féminin :* acquisition. Ex. : *La ville a fait l'acquisition de ce terrain pour y construire une piscine.*
   – *Noms masculins :* a) acquis. Ex. : *Exerçant ce métier depuis douze ans, Pierre est compétent. Il a de l'acquis* (c'est-à-dire : un savoir, une somme importante de connaissances fournies par l'expérience). b) acquéreur. Ex. : *Ce terrain est bien situé; il ne manquera pas d'acquéreurs.*

2. a. «Pauvreté n'est pas *péché*, ou *défaut*», c'est-à-dire : faute morale.
   b. Ex. : «*Il y a une défectuosité dans la construction de ce bâtiment,* c'est-à-dire une malfaçon, un endroit où la construction n'est pas bonne.
   c. Verbe correspondant à «vice» : *vicier.* Ex. : *Des fumées d'usine vicient l'atmosphère.*

3. Verbe : *s'endetter.* Nom : *endettement.*

39. A partir d'un mot

Synonyme de *prêteur :* un *créancier.*

40. Mots précis

1. La plupart des pays sous-developpés connaissent le *paupérisme.*
2. Inconsciemment, nous vivons dans le *luxe,* alors que des gens meurent de faim.
3. N'attends aucune largesse de cet homme; il a le goût du *lucre.*
4. Vous n'avez pas fait ce travail bénévolement, puisque vous avez perçu une *rémunération* (ou une *rétribution*).
5. Dans certaines régions d'Afrique, la faim est telle que les gens sont *faméliques.*
6. A des villages très pauvres et à des contrées désertiques, succèdent des villes à l'aspect *florissant.*

7. Si un gouvernement *dilapide* les fonds puolics, chaque citoyen ne tarde pas à en subir les effets.
8. Les personnes âgées qui perçoivent leur pension à la poste sont réglées en *numéraire*.
9. Ce que nous demande Madame Maton, c'est une aide *pécuniaire*.
10. Anne est très riche, et cependant elle agit avec *cupidité*.
11. Il y a encore des familles *nécessiteuses* dans notre pays.
12. Ce jeune chanteur a touché un *cachet* appréciable pour sa participation à ce gala.
13. A force d'économiser, j'ai amassé un certain *pécule*.
14. Il n'est pas rare que des parents en viennent à *se démunir* pour aider leurs enfants.
15. Cet homme vivait de ses *rentes*.

41. Rapprocher des mots

nécessaire ⟶ superflu
famélique ⟶ gavé
déshérité ⟶ privilégié
nécessiteux ⟶ prodigue

épargner ⟶ dilapider
créditer ⟶ débiter
ladre ⟶ riche

42. Mots et définitions

a. Mauvaise nourriture ⟶ 3. *Malnutrition*.
b. Nourrir beaucoup trop quelqu'un ⟶ 7. *Suralimenter*.
c. Qui est physiquement faible ⟶ 5. *Malingre*.
d. Absence de nourriture ⟶ 1. *Dénutrition*.
e. Manque total d'une chose nécessaire à l'alimentation ⟶ 8. *Pénurie*.
f. Se dit d'une personne ou d'un objet dont l'aspect révèle une large aisance ⟶ 6. *Cossu(e)*.
g. Personne qui ne sait ni lire ni écrire ⟶ 9. *Analphabète*.
h. Caractérise l'activité d'une personne préoccupée surtout de gagner de l'argent ⟶ 2. *Mercantile*.
i. Caractérise un repas fait d'aliments très simples et peu abondants ⟶ 10. *Frugal*.
j. Quote-part des bénéfices réalisés par une société, et attribuée à chaque associé ⟶ 4. *Dividende*.

43. Antonymes

1. Dans cette région, j'ai vu des familles *richissimes* qui vivaient dans l'*opulence*.
2. Étant suralimentés, ces enfants sont *obèses*.
3. Certains foyers disposent du *superflu;* ils sont dans l'aisance.
4. Ces juristes offraient leurs services avec *désintéressement*. Ils ne cherchaient qu'à se rendre utiles.
5. Lors des banquets, les repas sont souvent *plantureux*.
6. Cette activité est peu *rentable*. Elle ne rapporte pas 2 000 F par mois à ceux qui l'exercent.

44. Synonymes

1. Des enfants *chétifs* (ou *souffreteux*) étaient assis à l'entrée du village.
2. Les banques qui *commanditent* cette opération exigent des garanties.
3. Il vous faudra *rémunérer* (ou *appointer*) des gens pour réaliser votre œuvre.
4. Quand l'économie d'un pays est *prospère,* il n'y a guère de conflits sociaux.
5. Guillaume a su *épargner* l'argent qu'il gagnait.
6. Certaines villes *luxueuses* contrastent avec les bidonvilles de la banlieue.
7. Le chef de travaux se plaint d'un *manque* de main-d'œuvre qualifiée.
8. Malgré sa fortune, cet homme est *avare* (ou *avaricieux*).

45. Appréciation

1. Incorrecte : Si les gens «ne disposent pas du minimum vital», ils ne vivent pas dans «l'opulence», mais dans l'*indigence*.
2. Correcte : Le mot *modicité* indique la faiblesse des revenus.
3. Correcte : La *modestie* consiste à avoir une opinion modérée de ses propres mérites, et à ne pas chercher à se mettre en valeur.
4. Incorrecte : Si «des sommes très importantes ont été allouées à certaines associations», c'est que les subventions municipales ont été accordées avec *largesse*

ou *libéralité*. (Le mot «parcimonie» désignerait le contraire, c'est-à-dire une façon très réduite d'accorder les subventions.)

5. Correcte : On ne revient pas sur quelque chose d'*acquis*. La suite de la phrase dit bien que Philippe donnera son appui «indéfectiblement», c'est-à-dire sans rupture, et quoi qu'il arrive.

6. Incorrecte : «Avoir un certain acquis», c'est avoir une somme de connaissances, apportées par l'expérience, et qui confère la compétence. Ce n'est pas le cas de Patricia qui est nouvelle dans l'entreprise; on dira donc qu'elle est encore *inexpérimentée*.

7. Incorrecte : «Vicier», c'est polluer. Puisqu'un système d'épuration était en place, on dira donc qu'il *purifiait* l'air constamment ou qu'il *l'assainissait*.

8. Correcte : Les *créanciers* sont ceux qui ont prêté de l'argent. Ils réclameront donc les intérêts de cet argent et le remboursement d'une partie de l'emprunt.

9. Correcte : Un taux *usuraire* est un taux excessif et illégal (par exemple, de 20 à 50 %). Avec un taux de 6 à 8 %, on parlerait d'un taux *modéré*.

10. Correcte : Le *paupérisme* est la misère absolue.

11. Correcte : *Lésiner* pour donner 10 francs, c'est hésiter à donner cette somme. Une telle attitude, quand on est riche, procède bien de l'avarice, c'est-à-dire de la *ladrerie*.

12. Incorrecte : Si les gens «se gavent comme des oies», ils souffrent de *suralimentation,* qui est l'excès de nourriture. La *dénutrition* est, au contraire, l'absence de nourriture. (Notons que la suralimentation a pour conséquence fréquente l'obésité.)

13. Incorrecte : S'il y a *148* candidats pour *1* poste, on ne peut certes parler de *pénurie*. On dira, au contraire, qu'il y a *abondance,* ou mieux : *pléthore* de candidats.

14. Incorrecte : Si le repas se limite à «du thé, des biscuits et quelques figues», il ne s'agit pas d'un repas *plantureux*. Ce mot est, en effet, synonyme de «très copieux». Il faut ici parler de repas *frugal* ou *léger*.

15. Correcte : Un enfant *malingre* est insuffisamment développé. Tel est souvent le cas des enfants qui souffrent de malnutrition. On peut encore parler d'enfants *chétifs* ou *souffreteux*.

46. Relevé

1. Mots utilisés dans le texte et figurant dans les autres exercices :
   Verbes : rentabiliser – rémunérer
   Adjectifs : cupides – lucrative
   Noms : financement – – mercantilisme – appointements – dividendes
   modicité – rétribution
2. a. rentabiliser – b. mercantilisme – c. rémunérer – d. dividendes – e. appointements (on peut dire à quelqu'un qu'on embauche : Vos appointements, ou vos émoluments mensuels seront de tant).

5 | VIVRE EN SOCIÉTÉ

47. Trouver le mot juste

1. C'est l'adjectif *vivable* qui caractérise quelqu'un ou quelque chose avec lequel on peut vivre, parce qu'il est supportable.
   Ex. : *Pour le moment, la situation est vivable* (c'est-à-dire supportable, acceptable).
2. Sens des autres mots :
   – *Viable :* qui peut vivre, qui a de bonnes chances de continuer à vivre.
   Ex. : *Cet enfant est viable.*
   Cette situation ne me paraît pas viable.
   – *Vital :* qui est essentiel à la vie d'un être vivant ou d'une collectivité.
   Ex. : *Il est vital pour cette entreprise d'arriver à exporter.*
   – *Vivace :* qui est résistant, robuste, et se maintient longtemps sans défaillance.
   Ex. : *Le lierre est une plante vivace.*
   Pierre garde une rancune vivace contre son ancien associé.

48. Former des mots

1. Une enfant *viable*. – 2. Une situation *enviable*. – 3. Un arrangement *à l'amiable*. – 4. Un logement *habitable*. – 5. Un locataire *solvable*. – 6. Un geste *secourable*. – 7. Un revenu *imposable*. – 8. Une terre *arable*. – 9. Un signe *indéniable*. – 10. Un témoignage *irrécusable*.

49. Rapprocher des mots

Personnages dont la fonction ou l'action favorisent la vie sociale : un *maire* – un *philanthrope* – un *médiateur*.

50. Constituer une famille de mots

1. Des usagers. – 2. Faire bon usage de quelque chose. – 3. Les us et coutumes (c'est-à-dire les traditions, les usages en vigueur dans une région). – 4. Peu usité.

51. Rechercher des mots

1. Il est *coutumier* du fait (il en a pris l'habitude). – 2. Le malade a fini par s'y *accoutumer* (son organisme s'y est habitué). – 3. L'*accoutumance* au bruit n'est pas bonne (le fait de s'y habituer, de ne plus le remarquer).

52. Repérer des mots

1. Mots à relever : *usagers* – *asocial* – *coutumier* – *s'accoutumer* – *invivable* – *solvable*.
2. Mots qui sont peut-être inconnus :
– *Squatter :* personnage qui occupe un lieu sans y être autorisé. Généralement, ce lieu est abandonné.
– *Désaffecté :* dont on ne se sert plus. (Ex. : Une usine désaffectée.)
– *Trublion :* agitateur – personne qui trouble l'ordre public.

53. Mots à substituer

1. Cela va alourdir le budget des *collectivités* locales.
2. C'est une règle *communément* admise dans notre immeuble.
3. C'est faire preuve de sens *civique*.
4. Tous les *notables* de la ville étaient à la tête du cortège.
5. La France fait revenir ses *ressortissants*.
6. Il existe une *xénophobie* latente.
7. Le stationnement est interdit dans cette rue, sauf pour les *riverains*.
8. La mauvaise insonorisation des grands ensembles finit par détériorer les rapports de *bon voisinage*.
9. Il faut revoir le *statut* de cette maison de retraite.

10. Dans cette affaire, ce n'est pas un simple particulier qui est en cause, c'est l'*institution* tout entière.
11. En cas de danger collectif, les gens ont tendance à se rassembler et à s'unir. C'est l'instinct *grégaire* qui joue.
12. La municipalité a passé une *convention* avec cette entreprise.

54. Identifier des mots

Collectif : 3. Ce mot peut être employé comme *nom* (premier sens). Ex. : *Le collectif budgétaire est voté.* Ce mot peut être également employé comme *adjectif*. Ex. : *Le football est un sport collectif.*
Collecte : 1. Une collecte est une quête.
Collectivisme : 2.

55. Compléter une famille de mots

Verbe : *collecter*.
Ex. : *Des bénévoles se proposent de collecter des fonds pour venir en aide aux sinistrés.*

Adverbe : *collectivement*.
Ex. : *Notre revendication ne sera prise en compte que si nous agissons collectivement.*

56. Employer des mots

1. On a *collecté* 2 millions de francs en faveur de la recherche médicale.
2. Ce pays pratique le *collectivisme*.
3. Nous avons agi *collectivement*.
4. Cette lettre a été *collective*.

57. Chercher le contraire des mots

1. Luc et Sophie défendent des intérêts *particuliers*.
2. Cette personne est très *distinguée*. («Commune» a le sens, ici, de «vulgaire».)
3. C'est une variété *exceptionnelle* de l'azalée. («Commune» a le sens, ici, de «banale».)
4. Ce garçon est *secret*.

58. Passer d'un mot à un autre

1. Ce savant a une *notoriété* internationale. (C'est-à-dire une grande et honorable réputation.)
2. Nos concitoyens manquent parfois de *civisme*. (C'est-à-dire du souci d'honorer leur pays, de le bien servir ; d'assumer leurs devoirs de citoyens.)
3. Le tribunal n'a pas encore *statué* sur le cas de cet enfant. (Il n'a pas pris de décision.)
4. Elle a une grande *distinction*. (Elle a beaucoup de dignité, de délicatesse dans sa façon d'être.)

59. Trouver des synonymes

... L'un est d'un naturel peu *amène* [...] ses rapports avec les autres sont rarement *cordiaux*. Pour peu qu'on lui résiste [...] il use de propos *acerbes* [...]. Tel autre est *distant* et peu *communicatif* [...]. Tel autre, au contraire, est bavard. Il *monopolise* la parole, et fait de nombreuses *digressions*.

... Il faudrait que les représentants des divers corps sociaux soient des gens *lucides*, *pondérés* et *compétents*. [...] Les gens sont là bien souvent pour *négocier*, non pour se battre.

6 | LA VIE SOCIO-ÉCONOMIQUE

60. Découverte des mots

1. – Le mot «rentable» signifie «qui produit un bénéfice».
   – Les «émoluments» sont des rétributions.
   – Le «produit national brut» (PNB) représente, en valeur, tout ce qui est produit par un pays en une année.
   – Une économie «en expansion» est une économie en plein développement avec un taux de croissance important.
   – L'«investissement» désigne les capitaux qu'une entreprise consacre pour l'acquisition de ses moyens de production.
2. *Expansion* ⟶ contraire : *Récession*.
   Rentable ⟶ contraire : *Déficitaire*.
3. *Investissement – Investir*.

61. Usage des sigles

F.M.I. : Fonds monétaire international.
O.C.D.E. : Organisation de coopération et de développement économique.
S.M.I.C. : Salaire minimum interprofessionnel de croissance.
A.N.P.E. : Agence nationale pour l'emploi.
T.T.C. : Toutes taxes comprises.
P.M.E. : Petites et moyennes entreprises.
T.V.A. : Taxe sur la valeur ajoutée.
D.A.T.A.R : Délégation à l'aménagement du territoire et à l'action régionale.

62. Expressions

- Faire jurisprudence : → Faire autorité en interprétant la loi. Cette décision d'un tribunal peut servir de référence au règlement d'autres litiges.
- Équilibrer la balance des paiements → Faire en sorte que les bénéfices couvrent, selon un certain pourcentage, le remboursement des emprunts.
- Atteindre le seuil de rentabilité → Atteindre le moment où une entreprise commence à faire des bénéfices.
- Accorder un moratoire → Suspendre une obligation; accepter qu'un débiteur bénéficie d'un délai supplémentaire pour rembourser ses dettes.
- Définir un protocole d'accord → Établir les règles d'un accord.
- Procéder au recouvrement de... → Percevoir, encaisser...

63. Définitions

1. *Un compromis :* Définition b.
   Définition a. : Compromission. Ex. : *Dans ses fonctions, il a été exposé à de nombreuses compromissions.*
   Une procédure : Définition a.
   Définition b. : Procédé. Ex. : *Le projet n'a pas été soumis au vote de l'assemblée, c'est là un procédé peu démocratique.*
   Une plus-value : Définition b.
   Définition a. : Pléthore. Ex. : *Pour ce concours, il y a pléthore de candidats.*

Un amortissement : Définition a.

Définition b. : Investissement. Ex. : *Grâce à un inves-*
tissement important, la productivité de l'entreprise a
augmenté.

2. a. Jurisprudence.   b. Excédent. – c. Recouvrement.

64. Familles de mots

1. *Productivité.* Ex. : *Cette entreprise est déficitaire, sa*
productivité baisse en raison de la hausse des prix des
matières premières.
Productif. – Improductif.
2. a. *Valoriser.* Ex. : *Les travaux réalisés dans l'im-*
meuble le valorisent à la vente. Revaloriser.
b. *Valorisation – Revalorisation.*

65. Retrouver les synonymes

a. Compromis. – b. Expansion (ou extension). – c. Récession. – d. Productivité. – e. Revalorisation.

66. Trouver le mot précis

1. Les partenaires ont signé un *protocole* d'accord.
2. C'est la raison pour laquelle l'entreprise *périclite.*
3. En se référant aux *clauses* du contrat, le syndicat a
fait valoir les droits du salarié.
4. L'industrie sidérurgique a dû se *restructurer.*
5. Celui-ci est chargé de gérer les affaires en remboursant d'abord les *créanciers.*
6. Le différend sera porté devant les *prud'hommes.*
7. L'achat de l'appareil a rapidement été *amorti.*
8. Lorsque les investisseurs auront *recouvré* les
sommes...
9. Il faut suivre une *procédure* définie par la législation
du travail.
10. C'est là un facteur *inflationniste* dans l'économie.
11. On a souvent reproché aux grandes puissances de
mener une politique *expansionniste.*

67. Rapprocher des mots

fluctuation $\longrightarrow$ stabilité
résilier $\longrightarrow$ proroger
compromis $\longrightarrow$ désaccord
transgresser $\longrightarrow$ se conformer à

68. Proposer un synonyme

1. *Conjoncture :* Situation qui est le résultat de plusieurs facteurs. Ex. : *Le chômage, l'inflation, la hausse du pétrole provoquent une conjoncture économique difficile dans les pays industrialisés.*
2. *Instruire :* Rassembler les informations nécessaires pour qu'une affaire puisse être jugée ou examinée. Ex. : *Il faut instruire le dossier avant la prochaine assemblée générale.*
3. *Hégémonie :* Suprématie, prépondérance, domination. Ex. : *Le colonialisme est une forme d'hégémonie politique et économique.*
4. *En référer à :* En appeler à, soumettre le cas à ... Ex. : *Lorsque quelqu'un pense avoir été diffamé à la télévision, il peut en référer à la Haute Autorité de l'audiovisuel.*

69. Classer les mots

Termes qui expriment une augmentation :
Noms : majoration – extension – expansion – croissance – accroissement – essor.

Termes qui expriment une diminution :
Noms : déclin – récession – régression – recul.
Verbe : péricliter.

Termes qui expriment la recherche d'un accord :
Noms : arbitrage – accommodement – consensus – transaction – arrangement - compromis.

---

7 | LE TEMPS QUI PASSE

70. «Temps» et ailleurs

Mots qui proviennent de la famille de *« temps »* (du latin *tempus* = temps) :
– *Temporaire :* qui ne doit durer qu'un certain temps. Ex. : *Un travail temporaire.*
– *Temporiser :* différer la date d'une action, dans l'espoir de trouver une meilleure occasion.
  Ex. : *Nous ne pouvons prendre une décision sans le conseil de Patrick. En son absence, il faut temporiser.*

Temporel(le) : qui est relatif au temps.
Ex. : *Une subordonnée temporelle* (= une subordonnée de temps).

71. Famille de temps

1. Elle est *temporaire* : elle prendra fin dans deux mois.
2. Le déroulement *temporel* de l'action n'a pas de valeur en soi.
3. Une décision ne se prenant pas précipitamment, nous avons essayé de *temporiser*.

72. Valeur liée au temps

1. Ta carte d'identité est *périmée*. (Elle n'a plus de valeur. Elle n'est plus valable depuis une certaine date.)
2. Votre bail est *caduc*. («Caduc» = nul, non valable, parce que la date jusqu'à laquelle ce document était valable est passée. Féminin de «caduc» → «caduque».)
3. Ce gouvernement croit à la *pérennité* des institutions qu'il met en place. («Pérennité» : le fait de durer très longtemps.)
4. En signant le contrat, les deux partenaires se sont mis d'accord sur la durée de sa *validité* (durée pendant laquelle un accord, un contrat ou un document sont légalement valables).

73. Plus ou moins proche du présent

1. *Récent :* qui appartient à une période proche du présent.
   Ancien : qui a déjà un certain passé.
   Archaïque : qui est très ancien et se perd dans l'usage.
   Ex. : *L'adjectif «moultes» est archaïque.*
   Antédiluvien : du latin *ante* = «avant» et *diluvium* = «déluge».
   Se dit, par ironie, de quelque chose de très ancien et très démodé. Ex. : *Une voiture antédiluvienne.*
2. Adverbes correspondant aux adjectifs : *anciennement – récemment.*

74. Permanence ou son son contraire

1. Les chutes de pluie ont été *intermittentes*. «Intermittent» : qui s'arrête, puis reprend, par intervalles.
2. A la frontière, les accrochages entre les deux armées sont *sporadiques*. «Sporadique» : qui se produit de temps en temps, de façon irrégulière et isolée.

3. L'expansion de nos entreprises a été *discontinue*. «Discontinue» : qui n'est pas continue.
4. Je souffre d'une bronchite *passagère*. «Passagère» : qui est inhabituelle et qui ne dure pas.
5. Notre effort de redressement a été *fugace, éphémère*. «Fugace», «éphémère» : qui dure peu de temps.
6. Ce joueur suit les séances d'entraînement de façon *irrégulière*. (Qui n'est pas régulière.)

75. Continuer

1. Je me charge de la *continuation* des travaux. «Continuation» : le fait de continuer, de poursuivre.
2. Le maire a le souci d'assurer la continuité de sa politique. «Continuité» : caractère de ce qui est continu, de ce qui qui dure sans rupture ni changement.

76. Périodes du temps

Décade ⟶ période de dix jours.
Décennie ⟶ période de dix ans.
Centenaire ⟶ centième anniversaire d'un événement.
Millénaire ⟶ période de mille ans.

Voilà une décade que je n'ai pas vu Michel. (10 jours.)
Au cours des prochaines décennies, le nombre de personnes âgées va augmenter. (Des prochaines périodes de 10 ans.)
Cette fondation fête son centenaire. (Ses «cent ans» d'existence.)
Il y a plus d'un millénaire que Charlemagne a existé. (Plus de mille ans.)

77. Découpage du temps

1. d. : *Laps de temps :* espace de temps. Ex. : *Entre le moment où l'accident s'est produit et l'arrivée des secours, il s'est écoulé un certain laps de temps.*
2. b. : *Phase :* chacune des étapes successives d'une situation en évolution. Ex. : *Le match a été de toute beauté. Ses différentes phases ont été passionnantes.*
3. a. : *Périodicité :* retour d'un fait à intervalles plus ou moins réguliers. Ex. : *La périodicité de ce phénomène déconcerte les savants.*
4. c. : *Ère :* espace de temps de longue durée qui commence avec un nouvel ordre des choses.
   Ex. : *Nous entrons dans l'ère de l'informatique.*

78. Age et temps

Une personne qui a 40 ans : un *quadragénaire*

50 ans : un *quinquagénaire*

60 ans : un *sexagénaire*

70 ans : un *septuagénaire*

80 ans : un *octogénaire*.

79. Presse et temps

Un *quotidien* ⟶ paraît tous les jours.

Un *hebdomadaire* ⟶ paraît chaque semaine.

Une revue *mensuelle* ⟶ paraît chaque mois.

Un journal *dominical* ⟶ paraît chaque dimanche.

Un *périodique* ⟶ paraît à des intervalles réguliers · semaine, mois ou trimestre.

80. Mode et temps

1. a. Le baisemain est une coutume *démodée, surannée, désuète*.

   b. Cette œuvre est tout à fait *actuelle, moderne*.

   c. Voilà une architecture *d'avenir, futuriste*.

2. *Actualiser*.

81. Préfixes du temps

1. Période située *avant* l'instant présent : anté- pré-
Période située *après* l'instant présent : post- rétro-
ultra- (ult-).

2. a. Ce sont là les signes *précurseurs* d'un orage. «Précurseur» : qui se produit avant un événement et l'annonce. Ce mot peut également être employé comme nom.
Ex. : *Apollinaire a été un précurseur de la poésie moderne*.

   b. Dans ce collège, la pédagogie est vraiment *rétrograde*. «Rétrograde» : arriérée – tournée vers le passé, contre le cours du progrès.

   c. La réunion est donc remise à une date *ultérieure*. «Ultérieure» : qui se produira plus tard.

   d. Il faut revenir maintenant aux méthodes *antérieures*. «Antérieur(e)» : qui avait cours autrefois.

   e. Ma visite a été *postérieure* à ton départ. «Postérieur(e)» : qui se produit *après* un moment donné.

82. Autour du préfixe «rétro»

1. *Rétrograder :* Si nous n'assimilons pas les technologies nouvelles, notre civilisation va *rétrograder.*
2. *Une rétrospective :* Le soir du 31 décembre, la télévision présentait une *rétrospective* de l'année.
3. *Rétrospectivement :* Au moment où l'incident s'est produit, l'opinion n'a pas réagi. Mais, *rétrospectivement,* on analysa le fait et on blâma les responsables de cette action.

83. Autour du préfixe «chrono»

– *Chronique :* se dit des maladies qui durent longtemps et se développent lentement.
– *Chronique :* Article de presse consacré à un sujet particulier.
– *Chronologie :* Ordre et date selon lesquels des événements se sont succédé dans le temps.
– *Chronométrer :* Mesurer exactement le temps pendant lequel un événement se produit.

84. Verbes du temps

Synonyme de «différer» : ajourner.
Synonyme de «remettre l'exécution d'une peine» : surseoir à.
Synonyme de «anticiper» : devancer.
Synonyme de «atermoyer» : tergiverser.

1. L'entreprise a *ajourné* le paiement de cette facture.
2. Le tribunal va *surseoir à* l'exécution de la peine.
3. Nous allons *devancer* les intentions de nos adversaires.
4. Nous avons trop *tergiversé.* Il faut à présent prendre une décision.

85. Au fil du temps

Un journal *dominical* qui paraît chaque jour publiait récemment une *chronique* intéressante. Elle faisait une *rétrospective* des us et coutumes des Français, et montrait que nos mœurs changeaient sensiblement d'une *décade* à l'autre, c'est-à-dire sur une période d'environ dix ans.

L'auteur indiquait, par exemple, que les vacances à l'étranger, encore assez rares en 1973, étaient passées dans les mœurs en 1983. L'évolution était la même pour le comportement des Français à l'égard des loisirs, pour la gestion de leur budget, etc. Nos modes de vie semblent donc relativement *fugaces,* et ce qui est une habitude sociale aujourd'hui apparaîtra peut-être dans dix ans comme un comportement *suranné.* Le progrès incessant des techniques accélère encore ce processus évolutif. Par exemple, la vulgarisation des Minitels rendra bientôt *caducs* les annuaires téléphoniques. Les enfants de l'an 2000 souriront lorsqu'ils nous verront *rétrospectivement* (à l'occasion de la projection d'anciens films) consulter les lourds et encombrants volumes des P.T.T. Il est donc clair que la *pérennité* des habitudes sociales n'existe pas, et que le temps modifie nos modes de vie.

Quel comportement convient-il alors d'adopter face à ce phénomène? Faut-il *anticiper* pour être sûr d'être toujours de son temps, faut-il en somme être un éternel *précurseur*? Ou faut-il au contraire *temporiser* : attendre que les choses évoluent pour suivre le changement? En vérité, nous dit le chroniqueur du journal, peu importe. Il convient surtout de s'informer, de façon à évoluer souplement avec son temps, sans accélérations brutales. Mais il faut aussi savoir que les aspirations fondamentales de l'homme : le besoin de bonheur, de stabilité, de sécurité, le désir de s'épanouir, demeurent permanentes sous l'évolution apparente. Il y a là une *continuité* incontestable.

Savoir ce fait, puis suivre sagement sans excès ni mollesse l'évolution des techniques et des usages, est peut-être l'art du bonheur. Une bonne façon, en somme, de suivre le fil du temps.

Mots employés indûment :
1. *Dominical :* le texte précisant que le journal «paraît chaque jour», il faut parler d'un *quotidien.*
2. *Décade :* le texte précisant qu'il s'agit d'une période de «dix ans», c'est le mot *décennie* qu'il faut employer.

86. Se rappeler les mots du temps

1. Philippe passe pour un esprit *rétrograde.*
2. Le diplôme ne peut être délivré aux personnes qui ne suivent pas le cursus de formation avec *assiduité.*

2. Le diplôme ne peut être délivré aux personnes qui ne suivent pas le cursus de formation avec *assiduité*.
3. Cette opération se décompose en *phases* bien précises.
4. Mes malaises sont *sporadiques*.

8 | L'ESPACE ET SON AMÉNAGEMENT

87. Maître mot

1. Le mot qui ne fait pas partie de la famille de «cosmos» est *cosmétique* qui est relatif à la parure. (Il s'agit d'un produit servant à fixer les cheveux.)
2. – Cette pièce de théâtre est un *microcosme*.
   – New York est une ville *cosmopolite*.
   – Marc s'initie à la *cosmographie*.
3. *Cosmopolitisme*.

88. Origine des mots

1. Mots de la famille de *urbs* : urbain, urbanité, urbanisme, urbanisation, urbaniste.
2. Mots de la famille de *polis* : police, politique, policé, politiser, métropole.

89. Choix du mot précis

1. Il est possible d'*agencer* les pièces en fonction de leur utilisation.
2. Les bidonvilles se développent comme des *ghettos* de la pauvreté.
3. A force de protestations, les *riverains* ont obtenu l'installation d'un mur antibruit.
4. Car ces magasins sont souvent *excentrés*.
5. Son hall *spacieux* permet au public d'entrer sans bousculade.
6. L'implantation d'une zone industrielle à la *périphérie* de l'agglomération va créer de nouveaux emplois.
7. Il se produit une *ségrégation* entre les natifs de la ville et les gens d'autres origines.
8. L'homme constitue un microcosme par rapport au *macrocosme*.
9. On a l'impression de pénétrer dans un univers *concentrationnaire*.

90. Synonymes

Un hall *spacieux*. – Un couloir *exigu*.
Le *clivage* entre les classes sociales.
Localiser l'origine d'un sinistre.
Une *sphère* d'influence.

91. Formation des mots

agencer :   agence*ment*.
urbaniser :   urbani*sation*.
localiser :   locali*sation* – locali*té*.
concentrer :   concentr*ation*.
cliver :   cliv*age*.
exigu :   exigu*ïté*.
décentraliser : décentrali*sation*.
brasser :   brass*age*.

92. Emploi des mots

1. Leur *agencement* permet d'utiliser au mieux l'énergie solaire.
2. Un *brassage* des populations s'opère.
3. L'implantation d'une industrie [...] a provoqué une *concentration* de la main-d'œuvre.
4. Les démographes constatent un exode rural continu et, en même temps, une *urbanisation* grandissante du pays.
5. Chaque *localité* doit déposer un projet d'hébergement ou de loisirs.
6. Étant donné cette *exiguïté,* nous ne pourrons y placer aucun meuble.
7. Un plan de restructuration prévoit la *décentralisation* de certains services.

93. Rapprochement de mots

1. a. *spacieux*. – b. *spatial*.
   Phrase : Les cosmonautes revêtent une combinaison *spatiale* pour vivre en dehors de l'atmosphère terrestre.
2. a. *habitation*. – b. *habitat*. – c. *habitacle*.
   Phrase : Un plan de rénovation de l'*habitat* ancien permet aux propriétaires de bénéficier de subventions.
3. a. *citoyen*. – b. *citadin*.
   Phrase : Le dernier recensement souligne, en revanche, une augmentation du nombre des *citadins*.

94. Sens des mots

1. Autre sens du terme *métropole :* État (ou territoire) central par rapport aux colonies ou aux départements lointains.
Ex. : *Les échanges commerciaux entre la métropole (= La France) et les départements d'Outre-Mer se développent.*
2. Adjectif correspondant : *métropolitain.*

95. Recherche de mots contraires

1. un couloir *exigu.*
2. Un habitat *dispersé* (ou *disséminé*).
3. Le *clivage* des populations.
4. Les quartiers *excentrés* (ou *excentriques* ou encore *périphériques*).

96. Recherche de synonymes

1. La *ségrégation* ou la *discrimination.*
2. *Interstellaire. – Intersidéral. – Interplanétaire.*

97. Recherche de préfixes

1. Des transports *interurbains.*
2. Un boulevard *périphérique.*
3. L'école est *excentrée.*

98. Repérage

1. a) *Noms synomymes de « ville » :* cités – agglomération – villes satellites.
   b) *Nom désignant les habitants de la ville :* citadins.
   c) *Adjectif qui se rapporte à la ville :* urbain.
2. – *Villes satellites :* villes qui vivent en étroite dépendance d'une autre, dont les activités gravitent autour d'une grande ville.
   – *Cités-dortoirs :* villes de banlieue où les habitants ne résident que pour dormir (ils assument leurs autres activités à l'extérieur : travail, loisirs, etc.).
   – *Le gigantisme des cités :* la grandeur démesurée des cités (par l'étendue et par la concentration des immeubles).
   – *Compartimenter :* séparer (les activités, par exemple).

99. Recherche

bienveillant $\rightarrow$ bienveillance.
bienfaisant $\rightarrow$ bienfait – bienfaiteur.

100. Devinette

Les mesures prises par le gouvernement ont été
bénéfiques à l'économie.

101. Liaisons

Malaisé $\rightarrow$ qui n'est pas facile.
Malencontreux $\rightarrow$ qui se produit mal à propos.
Malfaisant $\rightarrow$ qui fait le mal.
Malséant $\rightarrow$ qui n'est pas convenable; qui choque.
Malveillant $\rightarrow$ qui est porté à penser du mal des autres
et à leur nuire.

102. Emploi

1. Toutes les sociétés comportent des personnes *malfaisantes*.
2. Fêter Noël dans l'opulence serait *malséant* en cette
   période de crise.
3. L'assainissement de l'économie était une tâche
   malaisée, car le gouvernement ne maîtrisait pas toutes
   les données du problème.
4. Cette personne est assurément *malveillante*.
5. Ma démarche a été *malencontreuse*.

103. Tri

1. Mots de la famille de «mal» :
   Maléfice : mauvais sort au moyen duquel on prétend
   nuire aux hommes ou aux bêtes : *jeter un maléfice.*
   Malversation : détournement de fonds commis durant
   l'exercice d'une charge.
   Ex. : *Un fonctionnaire coupable de malversation.*

Maligne : se dit d'une tumeur très nocive pouvant entraîner la mort : *tumeur maligne.*
Autres mots : *malaxer – mâle – malléable.*

104. Choix

1. Ton intervention a été aussi bonne qu'inattendue. Pour nous, elle fut vraiment *providentielle.* («Providentielle» : qui arrive par un heureux hasard.)
2. Votre démarche a sauvé la situation. On peut dire qu'elle a été *salutaire.* («Salutaire» : qui sauve – qui a une action très favorable sur quelqu'un ou sur quelque chose : Un remède, un conseil, une décision *salutaire.*)
3. Il nous a été *bénéfique.* («Bénéfique» : qui fait du bien.)

105. Recherche

1. Il faut sauvegarder ces lieux, et pour cela il faut les protéger des *déprédations* que peuvent leur faire subir des vandales. («Déprédations» : dégâts – détériorations.)
2. «Un bienfait n'est jamais perdu», dit-on. Mais un *méfait* reste parfois impuni. («Méfait» : action mauvaise, nuisible à autrui.)
3. Compte tenu du jeune âge de l'accusé, le jury s'est montré *clément.* («Clément» : indulgent.)

106. Synonymes et antonymes

– Mots synonymes de «honnête» : *probe – intègre.* Ces adjectifs caractérisent des personnes tellement honnêtes qu'on ne peut les corrompre. Noms correspondants : *probité – intégrité.*
– Mots antonymes de «honnête» : *déshonnête – véreux.* («Déshonnête» : malhonnête. «Véreux» : désigne une personne corrompue, foncièrement malhonnête.)

107. Vrai ou faux?

– Vrai : phrases 1 - 2 - 4 - 5 - 6.
– Faux : phrases 3 - 7.
Phrase 3 : Un «méfait» est une mauvaise action.
Phrase 7 : «Abuser quelqu'un», c'est le tromper.

108. Emploi

1. La dévaluation n'a jamais été une *panacée*.
2. Face à l'*adversité*, il faut savoir faire front.
3. Après bien des *vicissitudes*, j'ai atteint mon but.
4. On ne dira jamais assez les *méfaits* de l'alcoolisme.
5. On fait pression sur cet homme pour qu'il trahisse un camarade. C'est *abject*.
6. Les artifices publicitaires *abusent* souvent le consommateur.
7. C'est un personnage *débonnaire*.

109. Huit verbes

1. A force de lâcheté et de mensonges, cet homme s'est *avili*.
2. Les relations entre ces deux pays *se dégradent* de jour en jour.
3. Ce texte est bon, mais des fautes d'orthographe le *déparent*.
4. Ce gouvernement a *favorisé* la relance économique.
5. Ce syndicaliste *excelle* à mener à bien une négociation.
6. Les agissements de ce garçon ont *contrecarré* mes projets.
7. Cet auteur a *embelli* l'histoire.
8. Le sport permet parfois à des athlètes de *se transcender*.

110. Appréciation

– Bon emploi : phrases 1 - 3 - 4 - 6 - 8.
– Mauvais emploi : phrases 2 - 5 - 7.
   Phrase 2 : La *malhonnêteté* de cet homme ne fait aucun doute.
   Phrase 5 : L'initiative de Geneviève a été *bienvenue* (ou «bonne», «heureuse»).
   Phrase 7 : C'était *abject* (ou : était «infâme», «ignoble», «odieux»).

111. Répartition

1. L'informatique a sur l'emploi des conséquences positives mais aussi des effets *dommageables*.
2. Ce camarade a sur toi une influence *néfaste*.
3. Cette usine dégage des fumées *nocives*. (Nom correspondant à «nocif» : *nocivité*.)

4. La hausse des tarifs publics aura sur le taux d'inflation une incidence *regrettable*.

112. Repérage

1. *Sadisme :* définition b. Ex. : *Avec sadisme, il arracha l'une après l'autre les pattes de l'araignée.*
Le nom correspondant à la définition a. est : *masochisme*.
2. *Satyre :* définition b. Ex. : *Une jeune femme aurait été agressée dans la rue par un satyre.*
Le nom correspondant à la définition a. est : *satire* (f).
3. *Perversité :* définition b. Ex. : *La perversité de cet homme est évidente : il ne se plaît qu'à faire le mal.*
Le mot correspondant à la définition a. est *candeur*.
Ex. : *Cette personne est pleine de candeur. Elle croit tout ce qu'on lui dit.*

113. Repérage

Mots appartenant au vocabulaire du «mal» : déprédations – saccager – piller – vandalisme – pervertir – dévoyés.

114. Repérage

Mots appartenant au vocabulaire du «mal» (§ 2) : méfaits – déprédations – vandalisme – agressions – malversations – véreux – malfaisant – perversité.
Mots appartenant au vocabulaire du «bien» (§ 3) : bienveillant – intègre – probité – bénéfique – salutaire.

 10 **L'ACCORD ET l'OPPOSITION**

115. Repérage

Mots et éventuellement verbes exprimant un accord : partisans – assentiment – consensus.
Mots et éventuellement verbes désignant un désaccord : controverses – opposants – détracteurs – aversion – différend – rétorquer – réfuter.

116. Préfixes

a. Différence dans la manière de juger : *dissentiment*.
Écart entre les opinions : *divergence*.
Division profonde de convictions : *dissension*.
Manque d'harmonie : *discordance*.
b. Correspondance entre deux choses : *corrélation*.
Accord réalisé entre des personnes : *consensus*.
Caractère de ce qui est conciliable : *compatibilité*.

117. Acteurs

Le conseil municipal devait choisir entre la construction d'une salle omnisports et celle d'une bibliothèque. Le débat fut enflammé, chacun de ses *protagonistes* étant convaincu du bien-fondé de son choix. Les *partisans* de la salle de sports réclamaient un lieu décent. [...] De leur côté, les défenseurs de la bibliothèque reprochaient à leurs *détracteurs* de manquer d'objectivité. [...] Le maire a bien essayé de jouer le rôle de *médiateur* entre les *antagonistes*. [...] Aucun *consensus* n'a été possible.

118. Synonymes

1. Il y a souvent des *affinités*.
2. C'est là une attitude *paradoxale*.
3. Philippe a offert sa *médiation*.
4. Il y a entre eux une *incompatibilité*.
5. Le désaccord était tel [...] qu'une *scission* s'est opérée.
6. Georges a pu monter son entreprise quand un ami fortuné s'est *porté garant* pour le financement.
7. Cet officier a été *destitué*.
8. En adoptant une attitude de fermeté, Jean s'est *conformé* au règlement de l'association.

119. Familles de mots

1. a. Il a refusé votre motion *conformément* à l'article 21 du règlement.
   b. L'appareil n'est plus *en conformité* avec l'installation prévue.
   c. Il y a chez lui un *conformisme* qui lui permet de s'intégrer facilement dans toute société.
2. a. Elle l'a fait par l'*intermédiaire* de son chef de service.
   b. Le gouvernement a nommé un *médiateur*.

120. Classer les mots

Mots exprimant un accord : assentiment – consensus – compatibilité – convergence affinités corrélation.
Mots exprimant un désaccord : aversion – scission – divergence – litige – contentieux – désaveu.

121. Emploi

1. Le contentieux. – 2. La convergence.
3. Une aversion. – 4. Un désaveu. – 5. Un assentiment

122. Mots dérivés

scinder ⟶ scission.   concilier ⟶ conciliation
contrarier ⟶ contrariété.   destituer ⟶ destitution.
adhérer ⟶ adhésion.

123. Synonymes

1. Une *répulsion* ou une *répugnance*.
2. *Révoqué*. – 3. *Assentiment*. – 4. *Détracteurs*.
5. *Antagonismes*. – 6. *Entravé*.

124. Mots contraires

convergence ⟶ divergence.
aversion ⟶ attirance (ou encore sympathie).
assentiment ⟶ dissentiment.
compatible ⟶ incompatible.
affinité ⟶ antipathie.
corrélatif ⟶ indépendant (ou encore autonome).

125. Emploi

1. attirance – 2. divergence – 3. antipathie
4. incompatibles – 5. indépendante – 6. dissentiment.

126. Définitions

1. corrélation – 2. conformisme – 3. protagoniste
4. antagonisme – 5. paradoxe – 6. différend
7. consensus – 8. médiation – 9. adepte
10. détracteur

127. Origines

1. a. Qui aime la guerre : un tempérament *belliqueux*.
   Qui prend part à une guerre : un *belligérant*.
   Situation de conflit : la *belligérance*.
   Qui préconise le recours à la guerre : un gouvernement *belliciste*.
   b. Qui est combatif : *pugnace*.
   Caractère de celui qui soutient une lutte avec combativité : la *pugnacité*.
2. Rétablir la paix : *pacifier*.
   Sans violence : *pacifiquement*.
   Doctrine des partisans de la paix : *pacifisme*.
   Action qui consiste à ramener la paix : *pacification*.
   Personne qui aime la paix : *pacifiste*.
   Entente conclue entre deux États : *pacte*.

128. Façons d'agir

1. Sans *aménité* → b. : sans amabilité.
2. Avec *magnanimité* → a. : avec grandeur d'âme.
3. Avec *pugnacité* → c. : avec combativité.
4. Avec *hostilité* → a. : avec malveillance.

129. Verbes synonymes

1. Cet écrivain *abhorre* tout ce qui est moderne.
2. Il n'y avait rien d'autre à faire qu'à *obtempérer*.
3. Des tribus entières ont été *exterminées*.
4. L'agresseur se fit *écharper* par la foule.
5. Votre description des faits *cadre* avec la réalité.

130. Noms synonymes

1. Il existe un *contentieux* entre les deux services.
2. Pour sceller leur alliance, les deux pays ont signé une *convention*...
3. L'orateur a répondu aux questions avec *affabilité*.
4. Il faut s'attendre à des mesures d'*embargo*.

131. Familles de mots

1. S'insurger : les foyers d'*insurrection*.
2. Conflit : les situations *conflictuelles*.
3. Concorde : la *concordance* des points de vue.
4. Exécrer : nos conditions de vie étaient *exécrables*.
5. Aménité : des propos peu *amènes*.
6. Litige : l'amendement proposé était *litigieux*.

132. Recherche du mot juste

1. Jean a beau *s'insurger* contre les mesures.
2. Elle refuse souvent d'*obtempérer* aux ordres.
3. Il est *vindicatif*.
4. Il règne une situation *conflictuelle*.
5. La sécheresse a *décimé* le bétail.
6. Avec un air *débonnaire*.
7. Il n'est pas rare... et le *lynche*.
8. Les associations de consommateurs ont décidé de *boycotter* les produits...
9. J'en suis arrivé à *exécrer* les odeurs de friture.

133. Rapprochement de mots

1. a. Les provinces du Sud des États-Unis ont fait *sécession*.
   b. la *sédition* s'est étendue à tout le régiment.
2. a. L'idéologie nazie proposait l'*extermination* de certaines races.
   b. Ce qui n'était jusqu'alors qu'une guerre entre peuplades s'est transformé en un véritable *génocide*.
3. a. Les Alliés ont obtenu la *capitulation* de l'Allemagne nazie.
   b. Le traité exigeait la *reddition* de toutes les troupes vaincues.

134. Recherche d'antonymes

1. Luc a *contrevenu* aux ordres...
2. On peut interpréter cette lettre comme un signe d'*inimitié*.
3. La *discordance* entre les avis est telle qu'il n'y a plus de discussion possible.

135. Recherche de synonymes

1. Les trafiquants de drogue agissent en toute *tranquillité*.
2. Vos propos semblaient mous et *bonasses*.
3. Les pourparlers ont abouti à un *accord*.
4. En cas de *désaccord*, il faut en référer aux Prud'hommes.
5. Cet enfant se montre souvent *agressif*.

136. Appréciation

1. Incorrect : Il s'agit dans ce cas d'un *embargo* (ou d'un *blocus*).
2. Correct.
3. Incorrect : Son imagination le pousse même à la *fabulation*.
4. Correct.
5. Correct.
6. Correct.

12 THÈME : LA VIE ET LA MORT

137. Classement

abonder – foisonner – pulluler.
Abonder : exister en grande quantité.
Foisonner : exister en grande abondance – regorger.
Pulluler : se reproduire en très grand nombre et très vite; grouiller.

138. Dérivation

Abondance – pullulement – foisonnement (cf. l'expression «à foison»).

139. Rapprochement

Série 1
– vivifier (donner de la vitalité)
– tonifier (avoir un effet tonique)
– revigorer (redonner de la vigueur).

Série 2
- affaiblir
- amoindrir { (rendre moins fort)
- étioler (affaiblir sensiblement).

140. Mots croisés

	1	2	3	4	5	6	7	8	9	10
1	V	I	A	B	L	E		H	E	P
2	I	R			A	T	R	E		R
3	V	I	V	A	C	E			D	O
4	A	S	I	L	E		A	N	U	S
5	B		V	I	T	A	L		C	P
6	L	I	O	N		N	I	L		E
7	E	N	T	E	R	I	N	A		R
8		D	E		O	S	E	R		E
9	T	U		I	S		A	G	E	
10	D	E	C	L	I	N		E	S	

141. Emploi

1. Il n'est vraiment pas *vivable*. (On ne peut vivre avec lui.)
2. Cette solution n'est pas *viable*. (Elle ne durera pas.)
3. Cette entreprise *vivote*. (Elle végète.)
4. J'ai gardé un souvenir très *vivace* de cet incident. (Durable.)

142. Choix

1. La Renaissance fut un véritable *foisonnement* d'idées nouvelles.
2. Le retard technologique, le ralentissement du commerce et l'affaiblissement du rayonnement culturel marquent souvent le *déclin* d'une civilisation.
3. Il est *vital* pour cette région qu'elle soit pourvue d'une autoroute [...]. Cette contrée ne pourra que *vivoter*.
4. Cette contradiction *amoindrit* ton argumentation.
5. Dans ce quartier insalubre, les microbes *pullulent*.
6. Ainsi, votre pays pourra-t-il recouvrer sa *prospérité* d'antan.

7. L'implantation d'usines nouvelles a *tonifié* l'économie de cette région.
8. L'esprit et la mémoire *s'étiolent* dans l'oisiveté.

143. Reconstitution

1. Cette entreprise *se développe*. (Emprunt à la phrase 6.)
2. La solitude *délite* un vieillard. (Emprunt à la phrase 4. «Déliter» : amoindrir – affaiblir quelqu'un au physique et au moral.)
3. J'étais *atone*. (Emprunt à la phrase 5. «Atone» : sans tonus; sans force ni réaction.)
4. Les mesures prises par le gouvernement ont de quoi *tonifier* l'économie. (Emprunt à la phrase 2.)
5. Le commerce y était *prospère*. (Emprunt à la phrase 3.)
6. Voilà un magasin qui *végète*. (Emprunt à la phrase 1.)

144. Recherche de synonymes

1. Le repas a été *plantureux*.
2. L'influence du maire sur la population a un effet *tonique*.
3. Cet élève est encore *déficient* en mathématiques.
4. Cette entreprise *périclite*.
5. Ce pays *stagne* dans un marasme économique.
6. Ce fruit est *gorgé* de vitamines.

145. Exploration

1. *La mort :* le décès – le trépas.
2. *Un mort :* un défunt – un trépassé.

146. Liaison

– *Morbide :* Se dit de mentalités, de penchants ou de textes qui semblent malsains car ils sont empreints du goût de la mort. Ex. : avoir des goûts morbides – faire preuve d'une curiosité morbide.
– *Funeste :* Qui apporte avec soi le malheur ou la mort. Ex. : personnage funeste – événement funeste.
– *Moribond :* Personne près de mourir.
– *Funèbre :* qui concerne les funérailles. Ex. : cérémonie funèbre; marche funèbre; qui exprime un sentiment de grande tristesse.
Ex. : avoir un air funèbre.

147. Recherche

1. Le blessé était déjà *agonisant*.
2. La Loreley fut un personnage *fatal*.
3. Il a des goûts *macabres*.
4. Des gens parcouraient les ruelles la nuit en priant pour les *trépassés*.

148. Appréciation

Emplois corrects du mot *morgue* :
2. Les dépouilles des victimes de l'accident ont été conduites à la *morgue* de l'hôpital le plus proche (*morgue* : salle où reposent momentanément les morts).
3. Orgueilleux comme il l'est, Guy a répondu avec *morgue* à la question qui lui était posée (*morgue* : attitude hautaine et méprisante).

149. Repérage

Exécution : mise à mort d'un condamné.
Euthanasie : donner la mort à un malade incurable.

150. Connexion

Homicide : meurtre d'un homme.
Parricide : meurtre du père.
Infanticide : meurtre d'un enfant.
Régicide : meurtre d'un roi.
Génocide : meurtre d'un groupe ethnique.

151. Emploi

1. Il sera poursuivi pour *homicide* par imprudence.
2. C'est tout le problème de l'*euthanasie*.
3. La *morgue* avec laquelle il parle à ses subordonnés est parfois odieuse.
4. Cette *morbidité* évidente ne me plaît pas. (*Morbidité* : de la famille de *morbide*.)
5. L'amour de Pyrrhus pour Andromaque aura été *fatal*.
6. La présence de ces *gisants* est impressionnante.

152. Classer les mots

Mots qui désignent une intensité : paroxysme – acuité – exacerbation.
Mots qui désignent une quantité : profusion – pléthore – abondance.

153. Employer les mots

1. Car il y a *pléthore* de candidats.
2. Le conflit a atteint son *paroxysme*.
3. Les gens écoutaient avec une grande *acuité*.
4. Les gens vont parvenir à l'*exacerbation*.

154. Exprimer une insuffisance

1. – La *raréfaction* des endives en été.
   – La *carence* de l'autorité judiciaire.
   – On risque d'avoir une *pénurie* de fourrage.
2. – En cas de *pénurie* de céréales.
   – La *raréfaction* de l'oxygène en très haute altitude.
   – Les journaux sont unanimes à dénoncer la *carence* des services de secours.

155. Décrire des attitudes

1. Ton *engouement* pour les gadgets est ridicule.
2. La *désaffection* du public pour ce sport s'accentue.
3. Les subventions seront accordées cette année avec *parcimonie*.
4. Jean a tenu des propos *outranciers*.

156. Chercher des mots contraires

1. Cette mesure suscita un *désenchantement* général.
2. L'*attachement* de ce peuple pour la démocratie directe est profond.
3. A cette époque, l'État distribua des subsides avec *prodigalité*.
4. Votre intervention a été *inopérante* (ou *inefficace*).

157. Chercher des dérivés

1. a. Les espaces verts se *raréfient*.
   b. La *rareté* des cerises.
2. J'ai amassé une documentation *pléthorique*.
3. a. Une lumière *profuse* envahit les magasins.
   b. La foule s'agglutinait *profusément* autour du podium.
4. Certains experts pensent que la *résorption* de l'inflation sera lente.
5. a. On a procédé à une distribution *parcimonieuse* de raticide.
   b. Les friandises ont été distribuées si *parcimonieusement* que tous les enfants ont été déçus.

158. Établir des liaisons

Notoire → Qui est connu par un grand nombre de personnes.
Irrépressible → Qu'il est impossible de contenir, de réprimer.
Piètre → Qui est très médiocre.
Outrepasser → Aller plus loin qu'il n'est permis.
Minimiser → Réduire l'importance de quelque chose.

159. Employer les mots

1. C'est un escroc *notoire*.
2. Ils essaient de *minimiser* notre victoire.
3. Il a *outrepassé* ses droits.
4. Notre fou rire était *irrépressible*.
5. Il fournit une bien *piètre* prestation.

160. Chercher des synonymes

1. *Carences : déficiences*
2. *Outrancier : immodéré*
3. *Notoire : manifeste ou évident*
4. *Irrépressible : incoercible*
5. *Piètre : dérisoire*
6. *Décupler : intensifier ou multiplier.*

161. Apprécier

– Correct : 2. – 3. – 5.
– Incorrect : 1. – 4. – 6. – 7.
1. Ainsi le conflit en est arrivé à son *terme*.
4. On explique cet *attachement* du public.
6. Elle distribue *généreusement* des colis.
7. Le plan de redressement semble *efficace*.

162. Répartir

1. Le mouvement de grève *s'amplifie*.
2. La vague de mécontentement *s'intensifie*.
3. L'éclat de rire de Vincent a *décuplé* la colère de François.
4. Cet industriel est condamné [...] pour avoir *majoré* ses prix.
5. La proximité de l'autoroute va *valoriser* les terrains limitrophes.

163. Substituer

1. Les autorités de ce pays contraignent les automobilistes à *restreindre* leur consommation d'essence.
2. Ne cherchez pas à *minimiser* cet incident.
3. Il *amoindrit* les réflexes.
4. Le gouvernement envisage des mesures importantes pour *résorber* le chômage.
5. La télématique risque d'*appauvrir* la communication.
6. Certaines espèces de cétacés *se raréfient*.

164. Chercher des noms

– La *restriction* des crédits.
– L'*appauvrissement* d'une région.
– La *résorption* du chômage.
– L'*amoindrissement* du pouvoir.
– La *raréfaction* des grandes épidémies.
– La *majoration* de l'impôt.
– L'*amplification* du phénomène.

COLLECTION PROFIL

• **Profil d'une œuvre** : Analyse critique d'un ouvrage marquant de la littérature française ou étrangère : contexte, résumé, personnages et thèmes, art de l'écrivain.

24 Anouilh, Antigone
25 Apollinaire, Alcools
41 Balzac, Le père Goriot
64 Balzac, La comédie humaine
85 Balzac, Illusions perdues
21 Baudelaire, Les fleurs du mal
72 Beaumarchais, Le barbier de Séville
16 Beckett, En attendant Godot
78 La Bible
26 Butor, La modification
40 Buzzati, Le désert des Tartares
 1 Camus, La chute
13 Camus, L'étranger
22 Camus, La peste
47 Camus, Les justes
53 Céline, Voyage au bout de la nuit
63 Césaire, Cahier d'un retour au pays natal
88 Chateaubriand, De « René » aux
   « Mémoires d'outre-tombe »
33 Diderot, Le neveu de Rameau
121 Duras, Moderato Cantabile
80 Éluard, Poésies
 9 Flaubert, Madame Bovary
81 Flaubert, L'éducation sentimentale
 5 Gide, Les faux-monnayeurs
105 Giono, Un roi sans divertissement
17 Giraudoux, La guerre de Troie n'aura
   pas lieu
76 Hugo, Les contemplations
101 Hugo, Hernani / Ruy Blas
99 Huxley, Le meilleur des mondes
 1 Ionesco, Rhinocéros
32 Ionesco, Le roi se meurt
112 La Fayette, La Princesse de Clèves
67 La Fontaine, Fables
12 Malraux, La condition humaine
89 Marivaux, Le jeu de l'amour et du hasard
29 Maupassant, Bel-Ami
84 Maupassant, Le Horla
   et autres contes fantastiques
103 Maupassant, Une vie
 9 Mauriac, Thérèse Desqueyroux
69 Molière, L'Avare
49 Molière, Dom Juan
74 Molière, Le Misanthrope
66 Molière, Les précieuses ridicules /
   Les femmes savantes

60 Molière, Tartuffe
87 Molière, L'école des femmes
65 Montaigne, Essais
83 Montesquieu, Lettres persanes
27 Musset, Lorenzaccio
54 Oyono, Une vie de boy
42 Pascal, Pensées
28 Prévert, Paroles
 6 Prévost (Abbé), Manon Lescaut
75 Proust, De « Swann » au « Temps
   retrouvé »
62 Rabelais, Pantagruel   Gargantua
39 Racine, Phèdre
109 Racine, Britannicus
55 Rimbaud, Poésies
61 Rousseau, Rêveries
82 Rousseau, Les confessions
18 Sartre, La nausée
31 Sartre, Huis clos
20 Stendhal, Le rouge et le noir
44 Stendhal, La chartreuse de Parme
86 Tournier, Vendredi ou les limbes du Pacifique
79 Verlaine, Poésies
45 46 Vian, L'écume des jours
34 Voltaire, Candide
113 Voltaire, L'Ingénu
 8 Zola, Germinal
35 Zola, L'assommoir
77 Zola, Au bonheur des Dames
100 Zola, La bête humaine

Dix textes expliqués

90 - 10 poèmes expliqués :
    Du surréalisme à la résistance
91 - 10 poèmes expliqués :
    Baudelaire : Les fleurs du mal
92 - 10 poèmes expliqués :
    Du symbolisme au surréalisme
93 - 10 poèmes expliqués : Le romantisme
102 - 10 poèmes expliqués :
    Parnasse et symbolisme
104 - 10 textes expliqués : Voltaire, Candide
107 - 10 textes expliqués :
    Stendhal, Le rouge et le noir
108 - 10 textes expliqués : Flaubert, Madame Bovary
110 - 10 textes expliqués : Molière, Dom Juan
131 - 10 textes expliqués : Balzac, Le Père Goriot

Ateliers SEPC à Saint-Amand (Cher), France (I-1990).
Dépôt légal : janvier 1990. N° d'édit. : 11528. N° d'imp. : 2628.